KB078390

허브 이야기

향기의 역사와 웰빙 노하우

차례
Contents

허브 알기 : 내게 너무 예쁜 허브

지금으로부터 30여 년 전, 소년시절에 읽었던 한 편의 소설은 내게 라벤더 향기에 대한 막연한 동경과 그리움을 느끼게 해 주었다. 소설 속의 남자 주인공은 라벤더 향을 좋아하는 여인을 사랑했지만 결국 헤어졌고, 세월이 흐른 뒤에 그녀의 은은한 향기 때문에 우연히 재회하게 된다. 그 후 라벤더는 내 마음의 이상향이 되었다.

몇 해 전에는 라벤더를 보기 위해 남 프랑스의 프로방스 지방을 여행한 적이 있었다. 작열하는 태양과 코발트빛 하늘 아래 출렁이는 라벤더의 보랏빛 물결은 전율을 느끼게 하는 감동으로 다가왔다. 지금도 라벤더를 생각하면 그때처럼 가슴이 뜨겁게 뛴다.

이렇게 일찍 라벤더와 인연을 맺었지만, 라벤더가 허브(herb)의 일종이라는 것은 뒤늦게서야 알았다. 허브의 여왕이라고 불리는 라벤더는 특히 색채와 향기가 뛰어나고, 실용적인 용도로 다양하게 사용되는데, 관상용이나 인테리어 소품은 물론, 몸과 마음의 피로를 풀어주고, 응급치료제로도 쓸 수 있다. 예를 들어 차를 타고 가다가 멀미가 날 때에는 라벤더 향주머니의 향을 맡거나 손수건에 오일을 두세 방울 떨어뜨려 향을 맡으면 금세 진정된다. 차 안의 냄새가 퀴퀴할 때에도 티슈에 라벤더 오일을 몇 방울 묻혀 놓아두면, 은은한 향기가 차 안에 퍼져 정신을 맑게 해준다.

실생활에서 유익하게 활용할 수 있는 또 다른 사례로는 감기 기운이 느껴질 때이다. 하루 종일 업무로 시달리거나 피곤할 때, 집에 도착하자마자 따뜻한 물을 받아 놓은 욕조에 라벤더 오일을 4~5방울 정도 떨어뜨린다. 15분 정도 땀이 나도록 몸을 푹 담그는데, 이때 기분좋은 라벤더 향을 음미하며 몸과 마음을 최대한 편하게 한다. 그리고 욕탕에서 나와 물기만 닦아내고 아침까지 푹 쉬고 나면 몸과 마음이 산뜻하고 가벼워지는 것을 느낄 수 있다.

최근 도심의 화원 한쪽에는 이미 라벤더를 비롯한 각종 허브 묘목이 자리를 잡았고, 유명 백화점의 코너에도 허브나 아로마 제품이 진열되어 있는 것을 어렵지 않게 볼 수 있다. 수도권 주변 지역에서도 허브 판매점이나 농장을 쉽게 찾아볼 수 있을 정도로 허브가 대중화 되었으며, 일반 가정에서도 한번쯤은 키워본 경험이 있을 것이다. 하지만 막상 허브를 어떻게 활용하느냐고 묻는다면 선뜻 대답할 수 있는 사람은 그리

많지 않을 것이다.

허브란 넓은 의미에서 '인간에게 유익하게 이용되는 식물'의 총칭이며, 꽃과 종자, 줄기, 잎, 뿌리 등이 약이나 요리, 향신료, 살균·살충·방부제 등으로 널리 사용되는 모든 식물을 일컫는 말이다. 지중해 연안이 원산지인 라벤더, 로즈마리, 타임, 민트뿐만 아니라 우리의 생활 속에서 늘 사용하고 있는 마늘, 양파, 고추, 쑥 등도 일종의 허브로서 그 종류만도 약 3,000여 종에 이른다.

허브는 동서고금을 막론하고 인간에게 건강과 아름다움은 물론, 음식의 재료로 유용하게 사용되어져 왔고, 앞으로 그 활용 범위가 더욱 넓어질 것으로 예상되는 미래의 유망 식물이다. 현재 허브는 식탁에서부터 목욕탕, 자녀의 공부방에 이르기까지 다양한 곳에서, 피로할 때나 우울할 때, 머리가 아플 때, 사랑을 나누고 싶을 때 등, 생활 전반에 걸쳐 유익을 주고 있다. 다시 말해 허브는 일상에서 흔히 겪는 작은 트러블을 개선해줄 뿐만 아니라, 문명의 발달로 인한 갖가지 스트레스나 알레르기, 아토피성 피부염 등을 해결해 주며, 향기로운 삶을 부여하는 원동력이 되고 있다.

흔히 허브는 신의 선물이라고 일컬어진다. 최근의 웰빙 열풍과 함께 현대인에게 더욱 각광을 받고 있는데, 이는 허브가 인간의 삶을 보다 건강하고 유익하게 만들기 때문이 아닐까? 이 글을 통해 부족하나마 허브를 이용한 향기로운 삶을 여러분 모두와 함께 나눠 가질 수 있기를 기대해 본다.

고대에서 현재까지, 허브의 역사

　최근 들어 '퓨전요리'라고 하여 닭고기 조림에 카레파우더를 넣는다든지, 돼지고기를 구울 때 고기 요리에 잘 어울리는 로즈마리를 사용하는 젊은 주부들이 늘고 있다. 미용이라는 측면에서도 화장품이나 목욕용품에 허브 성분을 첨가한 제품이 눈에 띄게 늘어나고 있다. 뿐만 아니라 '집중력을 높이는 허브', '살 빼는 허브'처럼 구체적인 증상에 사용할 수 있는 다양한 허브가 소개되면서 허브에 대한 관심이 점차 고조되고 있다. 이렇듯 식용이나 미용, 약용 등에 널리 이용되고 있는 허브의 역사는 지구의 생성과 더불어 시작되었다고 해도 과언이 아닐 것이다.

　인간과 식물은 태고 적부터 불가분의 관계를 맺고 있었다.

즉, 인간은 생존을 위해 야생식물을 다양한 용도로 이용해 왔던 것이다. 이렇듯 인류는 수천 년 전부터 허브를 '인간에게 유용하고 특별한 식물'로 구별해 왔으며, 어느 시대를 막론하고 식용이나 약용, 미용, 방향, 인테리어 장식품 등 여러 가지 목적으로 실생활에 유용하게 활용해 왔다.

허브를 이용한 최초의 인류는 지금으로부터 약 6만 년 전에 살았던 네안데르탈(neanderthal)인으로 추정된다. 1970년 이라크 북부에서 꽃으로 매장된 묘가 발굴되었는데, 꽃을 분석해 본 결과 야로(yarrow, 서양톱풀)와 같은 종류의 허브로 판명되었다.

이 외에도 허브를 치료에 이용한 기록으로는 고대 중국의 한방 치료를 가장 오래된 것으로 꼽고 있다. 그것은 관련 기록이 아직도 남아있고, 오늘날에도 대부분 변함없이 이용되고 있기 때문에 쉽게 확인이 가능하다.

고대 힌두교의 의술 및 장수법을 뜻하는 아율베다에는 허브를 이용한 치료법이 기록되어 있고, 약 4천 년 전의 성전 『리그베다』에도 비슷한 기록이 남아 있다. 또한 고대 바빌로니아를 지배한 칼데아인 허벌리스트(herbalist, 식물학자겸 약제사)에 관한 기록이 전해지는가 하면, 약 5천 년 전의 아시리아 점토판에는 250여 종의 허브 이름이 기록되어 있다. 고대 이집트인들은 6천여 년 전에 이미 허브에 대한 상세한 지식을 갖고 있었던 것이 확실하며, 고고학적으로 자세한 기록을 찾을 수는 없지만, 분묘의 벽화에서 허브 장식을 발견할 수 있다. 이를 통해 일상생활에서 허브를 밀접하게 사용했음을 확인할 수 있다.

현재 문헌상으로 남아 있는 허브에 관한 기록은 B.C 1550년경에 쓰여진 에버스 파피루스(ebers papyrus, 의학서)에서도 발견되는데, 이 기록에 따르면 당시에는 엘더(elder)와 머그워트(mugwort), 웜우드(wormwood) 등의 허브가 주로 사용된 것을 확인할 수 있다.

올리브와 석류가 이집트에 들어온 정확한 연대는 알 수 없지만, 올리브 잎이나 가지는 이집트 왕조의 관에서 발견되었으며, 석류는 B.C 1580년경의 신왕국시대에 신성한 식물로 여겨졌다. 유향과 몰약은 핫셉수트(Hatshepsut, B.C. 1503~1482) 여왕이 아라비아에서 수입했으며, 그녀의 묘를 장식한 벽화에는 콘플라워, 양귀비, 만다라꽃, 무화과나무, 수련 등이 등장한다. 또한 B.C 1224년에 죽은 람세스 2세의 미라를 분석한 결과, 사용된 방부제의 주성분이 로만 카모마일(roman chamomile)인 것으로 밝혀졌다.

성서의 기록에는 예수 탄생을 기리기 위해 3명의 동방박사가 유향, 몰약, 황금을 봉헌했다고 서술되어 있는데, 여기에서 유향과 몰약은 지금도 아로마테라피(aroma therapy, 향기치료)에서 중요하게 쓰이는 에센셜 오일(essential oil)이다. 에센셜 오일은 점차 이집트에서 그리스, 로마 등지로 전해져 치료는 물론이고 목욕이나 마사지 등에 다양하게 활용되었다.

그러나 로마제국이 붕괴하고 크리스트교가 발흥하면서 많

은 지식과 학문이 쇠퇴해버린 중세의 암흑기에는 건강이나 미용 등의 사치용품으로 쓰이던 방향의 용도가 점차 사라지게 되었다.

에센셜 오일을 다시 부활시킨 것은 아랍인들이라고 할 수 있다. 10세기경 연금술을 연구하던 아랍인이 수증기 증류법을 발명하였는데, 10~12세기 사이에 이루어진 십자군 원정으로 인해 유럽인들이 증류법을 배우게 되었고, 허브를 비롯해 많은 식물을 가지고 돌아갔다.

그 후 13세기에는 영국에서 라벤더가 재배되어 방향 증류수인 라벤더 워터를 일반 대중들이 활용할 수 있게 되었다. 또 무어인(아랍계 이슬람교도)에 의한 스페인 원정은 프랑스를 비롯하여 유럽에 향기 문화를 전파하는데 중요한 계기가 되었다.

15~16세기에 이르자 이탈리아에서는 방향기술이 발달했다. 수공업자들은 몸에서 나는 나쁜 냄새를 감추기 위해 향기가 좋은 방향유를 사용했는데, 콜레라 같은 전염병이 유행했을 때에도 이들과 조향사(調香師)들은 대부분 전염병에 걸리지 않았다고 한다. 그것은 방향성분에 강력한 살균 효과가 포함돼 있었기 때문이다. 또 1665~1666년 런던에서 페스트가 크게 유행했을 때에는 로즈마리와 같은 허브가 가지고 있는 살균·소독 효과를 널리 인정받아 많은 종류의 에센셜 오일이 과학적으로 연구되기 시작했다.

19세기에는 서양의학이나 화학, 약학 등의 학문이 빠르게 발전하면서 합성향유를 개발하기에 이르렀고, 허브나 방향요

법은 점차 사라지게 되었다. 그러나 최근 들어 허브식물이나 에센셜 오일이 재평가되면서 의료, 건강, 미용 분야에 다시 활발하게 사용되기 시작하고 있다.

인류의 역사를 되짚어보면 허브는 전통 종교의식이나 미용, 치료 등을 목적으로 후계자들에게만 은밀하게 비전으로 전수되었다. 그러나 이러한 지식은 외압에 의해 한 세대에서 소멸해 버릴 수도 있다. 현재 아프리카를 비롯하여 남아메리카, 아마존유역, 동남아시아 등의 열대우림은 서식처가 위협을 받으면서 허브가 날마다 멸종해 가고 있으며, 그 사용비법도 사라져 가고 있는 실정이다.

문명이 발달하면 발달할수록 물질적으로는 풍요롭게 살 수 있을지 모르지만, 인간과 자연의 거리는 더욱 멀어지고 있고, 현대인의 삶 또한 다양한 스트레스에 시달리고 있다. 더 이상 허브의 종 보존을 위한 노력을 늦출 수 없는 이유가 바로 여기에 있으며, 우리 역시 자생 허브의 발굴과 보존이 시급한 실정이다.

허브에 얽힌 드라마틱한 전설과 신화

구약성서 창세기 1장에는 "모든 풀을 식물로 주노라(every green herb for meat)."라는 구절이 있다. 여기에서 식물이란 허브를 의미하는데, 이렇듯 허브는 고대로부터 종교 또는 신화와 깊은 관련이 있다. 환자를 치료하고 신전에 향을 피우며, 죽은 자에게 향수를 뿌리는 등의 행위는 대부분의 문화에서 신성시되어 종교적인 의식에 따라 행해졌다. 특히 아름답고 향이 강한 식물은 질병과 건강, 인간과 신, 죽음과 영생을 잇는 매개체로 믿어 신성하게 취급하였다.

이 식물들은 대부분 치료의 효능을 가지고 있는데, 식물의 독특한 향기가 광범위한 치료 효과를 가진 휘발성 정유이기 때문에 가능한 일이었다.

고대로부터 향기는 종교의식에 있어서 중요한 역할을 해왔다. 인도, 중국, 바빌로니아, 이집트, 로마, 그리스 등지의 사원이나 신전에서는 유향, 몰약, 샌달우드와 같은 허브가 널리 사용되었다. 유향이나 몰약은 아라비아에서, 샌달우드는 인도에서 수입되었다. 이들 허브는 여러 색의 날개를 가진 뱀에 의해 보호되었다는 전설이 있는데, 그만큼 특별하다는 뜻이다. 유향이나 몰약, 샌달우드는 지금도 고가이지만, 당시에는 금과 같은 값으로 거래되었다.

4천여 년 전, 고대 이집트에서는 이집트의 상징이었던 청수련(N. caerulea)과 백수련(N. lotus)을 신에게 바쳤으며, 장례의 식용 화환으로도 사용되었다. 수련은 생명의 강인 나일의 상징으로 추앙받으며, 농경의 신 이시스에게 바쳐졌다. 이집트의 수련은 아시아가 원산지인 연꽃과는 다른 종으로, 이집트에 연꽃이 알려지게 된 것은 B.C. 500년경의 일이다. 연꽃은 인도, 중국, 티베트 문화에서도 신성시되고 있다. 진흙에서 발아하여 청정한 꽃을 피우는 연꽃은 자각이나 깨달음이라는 함의를 내포하고 있었기 때문이다.

이슬람교에서는 장미를 신성시하였다. 특히 꽃봉오리가 분홍색이나 흰색으로 개화하는 다마스크 장미(rosa damascena)는 예언자 마호메트가 승천할 때, 흘린 땀방울이라는 설이 있다. 장미의 탄생과 관련된 이야기는 그리스 로마신화와 크리스트교에서 찾아볼 수 있다. 로마신화에는 여신 비너스가 아도니스를 만나러 가는 도중에 흰 장미가시에 발을 찔려 장미가 붉게 변했다는 이야기가 전한다. 또한 로사미스티카(흰 장미)로도 불려지는 성모마리아가 베일을 장미덩굴에 걸쳐 말리다가 붉은 장미가 희게 변했다는 이야기도 전해진다. 흔히 붉은 장미는 그리스도의 피를 상징하고, 다섯 개의 꽃잎은 그리스도의 상처를 상징한다. 이처럼 다마스크 장미는 그 색에서 성모마리아와 깊은 관련이 있는데, 분홍색 꽃 봉우리는 인간의 피와 살을 의미하고, 흰 꽃잎은 신성함을 의미한다.

크리스트교가 전파 과정에서 다양한 이교(異敎)의 상징과 신화를 흡수한 점을 감안한다면, 성모마리아가 로마 신화의 여신 유노(결혼과 가정의 여신이며, 그리스 신화의 헤라와 동일 인물)와 함께 '천계의 여왕'으로 불리는 것은 단순한 우연의 일치라고 할 수 없다. 로마인들이 유노 여신에게 흰 마돈나 백합(lilium candidum)을 바친 사실도 이와 마찬가지이다. 그리스 신화에 의하면 백합은 신들의 여왕 헤라가 어린 아들 헤라클레스에게 젖을 먹일 때, 젖이 방울방울 떨어져 내린 것에서 유래했다고 한다.

사랑과 미의 여신 비너스에게는 '사랑의 속삭임'이라는 꽃말을 가진 머틀(myrtle, 은매화)을 바쳤다. 비너스가 은매화관을 쓰고 있는 것도 이 때문이다. 비너스는 그리스 신화에 등장하는 아프로디테와 동일인물이고, 바빌로니아와 아시리아의 신화에 등장하는 사랑과 다산의 여신 이슈타르와도 관련이 있다. 결혼식 꽃다발에 은매화를 장식하는 습관은 오늘날까지도 이어지고 있다.

고대 그리스에서는 올림픽 승자와 개선장군, 시인에게 월계수관을 씌워주었다(여기서 "계관시인"이란 말이 유래됨). 또한 환자가 있는 집의 문 위에 악과 죽음을 쫓아버리기 위해 월계수 가지를 매달아 놓는 습관이 있었는데, 여기에서 유래한 것이 개업한 의사에게 월계수 화관을 씌워주는 것이다.

이외에도 헨베인(henbane), 벨라도나(belladonna), 맨드레이크(mandrake)는 마술의 소재로 종종 활용된다. 빗자루를 탄 마녀의 이미지는 이들 허브를 피부에 바르거나 흡입한 상태에서 하늘을 나는 것과 같은 기분을 상징적으로 표현한 것이다. 특히 맨드레이크는 마술의 능력을 가진 식물로 알려진 허브로서 두려움의 대상이 되기도 했다. 그 뿌리는 사람의 형상을 하고 있는데, 뽑을 때 비명소리를 들으면 죽는다는 속설 때문에, 약초 채집가들마저도 맨드레이크를 채취할 때에는 직접 하지 못하고 개의 몸에 줄을 묶어서 뿌리를 뽑았다고 한다. 또 다른 이야기를 보면, 맨드레이크는 천둥비가 내리고난 금요일 밤에 사형장에서 채취하는 것이 좋다고 한다. 이것은 교수형을 당한 자들의 정액이 땅속으로 흘러들어가 그로 인해 맨드레이크는 생명력을 얻고 어둠 속에서 환하게 빛을 발산한다는 것이다. 늑대인간의 출현 또한 벨라도나와 투구꽃, 대마, 양귀비 등과 같은 마약성이 있는 허브에서 만들어진 연고의 사용과 관계가 있다고 생각했다. 마법사를 주제로 한 영화「프랙티컬 매직」중에는 밤에 정력이 센 남자에게 벨라도나를 먹여 잠재우는 장면이 묘사되고 있다.

엘더는 맨드레이크와 마찬가지로 마술의 능력을 가진 식물로 알려진 허브이다. 덴마크에서는 이 나무를 자를 때 엘더신에게 허락을 받아야 하고, 이 나무로 아기의 요람을 만들어서도 안 된다고 여긴다. 엘더신이 화가 나서 복수로 아기의 목을 졸라 죽인다고 믿기 때문이다. 또 다른 민간전승 설화에서는 이 나무를 집안에서 불태우면 온갖 불행이 일어나지만, 나뭇가지를 잘 걸어놓으면 마녀로부터 집안을 지킬 수 있다고 믿었다. 독일에서는 엘더 옆을 지나갈 때 반드시 모자를 벗어야만 한다.

엘더는 집시들에게 성스러운 나무로 인식되었으며, 이스라엘의 사파드 지방에서는 시나고그(synagogue, 유태인의 교회당)의 중정(中庭)에 심어 놓았다. 이는 이 나무의 다양한 약효를 비술(秘術)로 전하기 위한 목적 때문인 것으로 보인다. 한편 이 나무로 예수 그리스도를 못 박은 십자가를 만들었다고도 하며, 유다가 이 나무에 목매어 자살했다고 하여 서양에서는 슬픔과 죽음을 상징하는 나무로 알려져 있다.

5월에 흰 꽃이 피는 서양 산사나무는 고대로부터 풍작을 기원하는 의식과 관련이 있으며, 5월의 축제에서 메이퀸에게 이 나무로 만든 관을 씌우는 풍습은 다산을 비는 '벨테인 축제'에서 유래한 것이다. 한편 영국의 민간전승 설화에서는 하얀 꽃을 집안에 들여오면 죽음과 재앙을 부른다고 생각하였는데, 이는 인간을 제물로 바쳤던 5월의 축제에서 유래한 것으로 여겨지며, 이는 산사나무가 부패했을 때 발생하는 트리메틸아민

(trimethylamine) 성분의 고약한 냄새와 관련이 있는 듯 하다.

겨우살이(mistletoe)는 크리스트교 전파 이전의 갈리아, 영국, 아일랜드 지역에 살았던 드루이드교 사제들에게 매우 성스러운 허브였다. 겨우살이는 달이 찼을 때, 황금 낫으로만 벨 수 있었고, 지면에 닿게 해서는 안 된다고 여겨졌다. 새해를 알리는 의식에도 겨우살이의 큰 가지(황금가지 전설의 원전)를 가지고 갔다. 또 북유럽의 신화에는 평화의 신 발더가 이것으로 만든 '다트'로 죽음을 당했다는 이야기가 전해지고 있다. 겨우살이로 만든 다트로 죽음을 당한 발더를 그의 부모인 왕 오딘과 여왕인 프리가 소생시키고, 이 나무를 사랑의 여신에게 바쳤으며, 그 밑을 지나는 사람들은 누구라도 키스를 해야 한다고 하여 그로부터 겨우살이 밑에서는 키스해도 좋다는 풍습이 전해지고 있다. 독일에서는 겨우살이가 유령을 볼 수 있는 힘이나, 유령과 말할 수 있는 힘을 부여한다고 전해지기도 한다.

성서 속의 허브

성서에는 허브와 향기, 향품에 대한 구절이 수없이 등장한다. 창세기 1장에는 세상을 창조한 여호와가 남자와 여자를 창조하고, 그들에게 모든 푸른 풀을 식물(허브)로 주었다고 기록되어 있고, 3장에는 에덴동산에서 선악과를 따 먹은 아담과 이브가 눈이 밝아져 알몸을 감추기 위해 무화과 나뭇잎으로 옷을 만들어 입었으며, 6장에는 여호와가 노아에게 잣나무로

방주를 짓게 했는데, 성서 식물학자들은 잣나무를 허브 중의 하나인 사이프러스로 보고 있다. 또한 37장에는 요셉의 이복형제들이 이스마엘 족속에게 요셉을 팔고자 할 때, 그들의 약대에 향품과 유향, 몰약을 싣는 장면이 등장하고, 43장에는 요셉의 이복형 10인이 애굽에서 곡식을 사고자 예물로서 유향, 향품, 몰약, 비자와 파단행을 가지고 있었으며, 50장에는 야곱과 요셉이 임종했을 때 향재료를 몸에 넣어 입관하는 장면이 보인다. 여기에서 유향이나 몰약, 향재료는 방부 효과는 물론 영혼의 세계에 작용하고 있다.

출애굽기 30장에는 몰약, 창포, 계피, 감람기름(올리브) 등을 이용하는 내용이 등장하고, 소합향과 나감향, 풍자향, 유향 등을 소금을 넣어 빻는 등, 향을 제조하는 방법이 기록되어 있다. 이들은 여호와에게 봉헌하는 최고의 향품으로서, 특히 유향이나 몰약은 일반 백성들이 감히 사용할 수 없었던 고급품이었다.

창세기에 등장하는 식물들을 보면 무화과나무, 잣나무, 감람나무, 상수리나무, 에셀나무, 합환채, 버드나무, 살구나무, 신풍나무 등인데, 성서 식물학자들에 따르면 성서에 기록된 식물은 110~125종으로 분류되고 있으며, 그 중에서 특히 향기 있는 식물은 유향, 몰약, 침향, 감송향, 소합향 등 13종으로 구분되고 있다. 특히 유향이나 몰약은 신약에서 예수 탄생시 동방박사가 황금과 함께 봉헌한 가장 성스럽고 귀한 예물이다. 성서 전체에서 가장 귀하게 취급된 유향과 몰약에 대하여 간단하게 소개해보면 다음과 같다.

유향은 앞에서도 기술한 바와 같이 성서에 20여 회나 등장하는 귀한 향료로서, 특히 여호와가 기뻐하는 향기로운 제물로 분향제에 쓰이는 거룩한 향료였다. 한편 여호와에게 봉헌하는 것 외에도 예레미야 8장에서 볼 수 있듯이 "길르앗에는 유향이 있지 아니한가. 그곳에는 의사가 있지 아니한가. 딸 내 백성이 치료를 받지 못함은 어찜인고."처럼 종교적인 봉헌 외에도 당시에는 일반적인 치료제로 쓰였음을 알 수 있다. 또한 이 향은 악령들린 사람에게도 사용했는데, 악령들린 사람이 이 향을 맡게 되면 악령이 달아난다고 하여 타 종교에서도 이 향을 활용했다고 한다.

유향은 프랑킨센스(frankinsenc)라고도 한다. 이집트인은 일찍이 유향과 시나몬을 함께 이용하여 수족의 통증을 치료하였다고 하는데, 이 향기는 마음을 고양시키며 심리불안과 강박관념에 유효하다고 알려져 있다. 특히 폐를 정화시키는데 도움을 주어 호흡기에 탁월한 효과가 있어서 숨가쁨을 개선시키고, 천식에도 유효하게 작용하고 있다. 또한 코감기를 완화시키는 효능이 있으며, 기침, 기관지염, 후두염에도 효과가 높고, 그 외에 비뇨기 계통이나 수렴 특성이 있어서 자궁출혈과 다량 생리 등을 호전시킴으로써 일반적인 자궁강장제로 활용하고 있다. 이 향에는 진정작용이 있어서 출산 후 여성의 우울증을 완화시키며, 유방의 염증과 위통을 완화시키고 소화를 도우며, 소화불량과 트림에 작용한다. 특히 노화된 피부에 활기를 주며 건조한 피부나 잔주름 개선에 최고의 효과가 있다고 정평이 나 있다.

몰약은 미르(myrrh)라고도 하는데, 마가복음 15장에 "십자가를 지우신 예수님께 몰약을 탄 포도주를 주었으나 예수께서 받지 아니 하시니라."라는 기록이 있다. 몰약에는 진통작용이 있으므로, 몰약을 탄 포도주를 주었다는 것은 못에 박힌 예수의 고통에 대한 배려라고 생각된다. 몰약 역시 유향과 함께 성서에서 가장 많이 취급되는 귀한 향료인데, 예를 들어 잠언 7장에는 "내 침상에는 화문 요와 애굽의 문채 있는 이불을 폈고 몰약과 침향과 계피를 뿌렸노라."라고 기록되어 있으며, 아가서 1장에는 "나의 사랑하는 자는 내 품 가운데 몰약 향낭이요.", 아가서 3장에는 "연기 기둥과도 같고 몰약과 유향과 장사의 여러 가지 향품으로 향기롭게도 하고.", 아가서 4장에는 "날이 기울고 그림자가 갈 때에 내가 몰약 산과 유향의 작은 산으로 가리라.", 시편 45장에는 "왕의 모든 옷은 몰약과 침향과 육계의 향기가 있다." 등 수없이 많은 구절을 찾을 수 있다.

몰약은 이집트에서 최상급 미라를 만드는 방부제로 사용되었고, 기독교 외에도 태양신을 믿는 종교에서 매일 정오에 이 향을 피웠다고 한다.

그리스 신화에 등장하는 몰약에 관한 이야기에 따르면, 아시리아의 키니라스(Cynire) 왕의 딸 미라(Myrrha)는 아프로디테에게 경배하라는 것을 거절하여, 화가 난 아프로디테에게 아버지를 사랑하게 되는 저주를 받게 된다. 아버지에 대한 열정과 수치심 사이에서 고민하고 있던 미라는 자살을 결심했으나, 유모인 히폴리타(Hippolyta)의 만류로 실패로 돌아갔으며 후회하는 미라를 아프로디테가 미라나무로 만들었고, 그 후 미라가 흘린 눈물이 몰약의 유액방울이 되었다고 한다.

아로마테라피에서 몰약의 향은 마음을 고양시키는 작용을 하며, 특히 유향과 마찬가지로 폐에 강력히 작용하여 기관지염, 감기, 인후통, 카타르, 인두염, 기침 등 각종 질병에 유효하다. 또한 구강에 좋은 효과가 있어서 입속궤양, 치조농루, 치육염 등과 위속의 이상발효 때문에 생기는 구취에도 작용한다. 이와 더불어 설사와 헛배부름, 위산과다, 치질 등과 부인병에도 유효하여 생리불순, 칸디다성 질염 등에도 효과가 있다. 피부에는 피부궤양, 욕창 등을 호전시키며 창상이나 습한 상처를 진정시켜 준다.

구약의 에스더 2장에는 왕에게 불려가기 전에 여자들이 해야 하는 몸가짐에 대한 규례를 적고 있는데, 여섯 달은 몰약 기름을 쓰고, 다시 여섯 달은 향품과 여자에게 쓰는 다른 물품을 써서 몸을 정결케 한다고 기록되어 있다.

이처럼 성서에는 많은 식물(허브)과 향기, 향품에 대한 구절이 등장한다. 이것은 종교적인 의미와 더불어 시대적으로 건강과 미용 등 실생활에서 허브와 아로마테라피를 매우 중요하고 적절하게 사용했다는 것을 입증하고 있다. 허브에 얽힌 신화와 전설은 수없이 많지만 후술(後術)하기로 한다.

허브가든의 변천사

오늘날의 가든은 허브가든에서도 그 기원을 찾을 수 있는 데, 가장 오래된 허브가든은 약 4천 년 전에 이집트에서 생겨났다. 허브 재배는 대개 신전과 관련이 있으며, 그것은 매일 예배와 의식 때문에 헌화가 필요했기 때문이다. 현대적인 허브가든의 개념 즉, 허브를 종류별로 나눠서 식재한 것은 주로 고대 이집트 종교와 크리스트교, 이슬람교의 전통에서 발전하여 온 것이다.

이집트는 건조한 사막지대이므로, 정원은 녹음의 제공과 식량공급을 위한 실용적인 목적에서 조성되었고, 주로 파피루스나 청·백수련, 아네모네, 자스민, 장미, 양귀비 등을 이용하였다. 허브를 장식적인 목적으로 사용한 경우로는, 즐거움과 승리를 의미하여 신과 죽은 자에게 바쳐진 파피루스 꽃다발을 그 예로 들 수 있다.

이슬람교에서 천국은 주위에 울타리가 있는 정원으로 묘사되는데, 그곳에는 서늘한 그늘과 함께 시원한 물이 흐르고, 아름다운 꽃이 흐드러지게 피어있으며, 탐스런 과일과 아름다운 여인이 있는 곳을 의미한다. 이슬람정원은 수선, 튤립, 국화, 장미와 자스민, 백합 등의 꽃과 살구, 배, 복숭아, 감귤류, 무화과, 석류, 아몬드 같은 관목을 식재하였고, 대개 은매화로 생울타리를 장식했다. 이때 쓰인 초화류와 수목은 모두 허브였음을 알 수 있다.

고대 로마시대에는 장식적인 원예술이 발달하면서 식용이나 약용 외에도 관상용, 방향제 등 별도의 목적을 위해 바질이나 마조람, 타임 등의 허브가 정원에 도입되었으며, 건강과 미용을 위한 마사지나 목욕 등 사치용품으로 사용되기도 했다. 이는 허브에 함유되어 있는 오일을 이용하여 흡입 또는 마사지, 목욕 등의 방법으로 심신의 건강이나 질병을 치유하는 아로마테라피의 기원이 되었다. 그러나 르네상스시대 이전까지의 허브는 주로 식용이나 약용과 같은 실용적인 재배가 대부분이었다.

초기 크리스트교 수도원은 고대 로마의 장원(莊園)과 비슷한 양식으로 지어졌으며, 본래 기하학적으로 정돈된 로마식 정원을 그대로 계승하였다. 고대 로마시대에 주로 사용된 허브는 로즈마리, 베이(월계수), 은매화 등이며, 생울타리나 장식

정원과 함께 실용적 측면 외에도 향기와 아름다움을 감상하기 위해 재배하였다. 수도원의 정원에는 이집트, 시리아, 페르시아 전통의 영향이 두드러지게 보인다. 이들은 담을 쌓아 유용한 식물을 기르며, 동물로부터 은신처나 그늘을 만들고, 건조한 풍토에서 물의 공급원을 최대한 활용하였다.

수도원의 허브가든

중세의 모든 정원은 수도원을 근간으로 하고 있다고 해도 과언이 아닐 것이다. 최초의 크리스트교 수도원은 기원후 305년에 수도사 안토니우스에 의해 이집트 북부 엘 파이움에 만들어졌다. 그는 울타리가 있는 작은 정원을 만들고 필요한 급수시설도 만들었다. 식물재배는 수도원에 완전히 뿌리를 내려 기원후 519년, 성 베네딕트우스가 이탈리아의 몽테카지노(Montecassino)에 베네딕트회를 설립하여 대 수도원을 만들었는데, 예배 다음으로 식물재배가 두 번째 위치를 차지할 정도였다.

당시 노동을 천한 노예의 일로 알았던 헬레니즘 사회의 노동관에 비교해보면 일대 혁명이라 할 수 있다. 그는 1세기 전의 학승(學僧), 성 제롬이 "땅을 괭이로 일구고, 양배추를 길러라."라는 가르침을 발전시켜 야채, 과일, 포도, 허브, 염료식물, 방향식물을 재배하도록 자세히 지시하고 있다.

9세기에 스위스 베네딕트회의 수도원인 성 갤(St. Gall)에서 만들어진 설계도를 보면 크게 3구역으로 나누어 1·2구역은 수도원 본건물과 교사, 객사, 병사 등이며, 3구역은 축사, 농사, 공방을 이루고 있다. 수도원에는 라벤더, 세이지, 로즈마리 같은 "아름답고 건강에 좋은" 허브 화단을 16개 만들고, 정원의 한쪽에는 야채와 허브를 기르는 18구획의 밭을 마련하고 있었다는 것을 알 수 있다. 수도원의 대부분은 자급자족제를 취하고 병을 고치는 허브를 특히 중시했으며, 채식주의 식단에 풍미를 더하기 위해서 많은 허브를 활용한 것으로 보인다. 또 에일 맥주와 와인, 베네딕틴 같은 리큐어(술)의 양조와 증류도 전문적으로 이루어졌고, 레몬밤(lemon balm)을 원료로 만든 카르멜회 화장수도 제조했다.

수도원에서의 허브가든은 장방형에서 정방형, 원형으로 그 형태가 차차 변화하였는데, 화단 모양의 일종으로서 낮은 상록성 관목인 라벤더, 로즈마리, 세이지, 마조람, 헬리오트로프 등을 이용하여 매듭무늬를 구성하는 노트가든(knot garden, 16세기 영국의 궁정이나 귀족의 정원 양식)이 시작되었다.

이와 같이 중세 초기에는 식물을 실용 위주로 재배하였고, 화훼의 아름다움은 경시되었다. 허브도 식용이나 약용 이외의 용도로는 지극히 소극적으로 활용되었다. 그러나 중세 말기 평화로운 시대가 계속됨에 따라 장식적인 화훼에 관심이 커지기 시작했으며, 중세 르네상스시대부터 허브는 방향을 겸한 미적 요소로 정원에 식재되었다.

치료를 목적으로 한 허브가든의 기원은 이미 고대 이집트나 이슬람계 정원 등에서 볼 수 있으나, 13세기가 되면서 치료를 목적으로 한 허브 재배는 더욱 번성하게 된다. 성당의 무료치료소에서 수도승이나 수녀가 허브 재배를 지도하였고, 개인주택에서는 정원을 만들어 다양한 허브를 재배했다. 정원을 만들지 못할 경우에는 과수원이나 목초지, 야채밭 등을 이용하여 허브와 야채, 꽃 등을 심었다.

16세기에는 대학에서 식물학과 약학을 가르치기 위해 허브가든을 조성하고 허브를 재배하였다. 이러한 허브가든은 1545년 파두아 대학을 시초로 17세기 말에는 유럽의 전 대학에 약용 허브가든(Medicinal garden)이 들어서는 계기를 만들었다. 이후 허브의 식재방법에도 영향을 주었으며, 영국 에딘버러의 약용 허브가든에는 허브를 알파벳순으로 심는 등 특색 있는 허브가든이 등장했다. 특히 콜럼버스의 신대륙 발견 이후, 새로운 허브에 대한 지식이 넓어졌고, 탐험가들이 식민지로부터 새로운 종의 허브를 속속 가지고 돌아와 식물의 종류 또한 증가하여, 오늘날의 식물원(botanical garden)의 모습을 나타냈다. 이와 같은 식물원의 기원은 의학생을 교육하기 위해 약용 허브가든으로부터 비롯된 것이다.

세계의 허브가든

캐나다나 오스트레일리아, 뉴질랜드, 남아프리카에서도 전통적인 유럽식 허브가든을 도입했는데, 오스트레일리아의 빅토리아 자연식물원은 1987년 런던의 첼시 꽃 박람회에서 전시품으로 수도원풍의 허브가든을 만들었다. 케이프타운의 '거번먼트 애비뉴'(Government Avenue)의 서쪽에는 정형식 공원이 있는데, 이곳은 17세기에 네덜란드 동인도회사가 허브를 이용한 키친가든을 만들었고, 남아프리카에서 처음으로 원산지 종이 아닌 외래식물을 재배한 장소다. 그러나 허브의 다수가 야생으로 퍼져나가 유해한 잡초가 되고, 원산지 종의 존속을 위태롭게 하여 생태계를 위협하게 되었다. 한편 멕시코의 아즈텍인은 약 3,000종의 허브를 이용했으며, 정교한 재배체계와 식물분류법도 갖고 있었다. 상당히 오래되고 관개시설과 구획을 갖춘 조지밀코의 '부유정원'은 기원후 6세기까지 거슬러 올라간다. 1522년 콜테스는 스페인 국왕 찰스 V세 앞으로 쓴 편지에서, 후악스테펙(현재의 오악스테펙)의 몬테주마의 정원들은 지금까지 본 것 중 최고라고 찬사를 보낸 바 있다. 열대의 해안에서 운반된 카카오와 바닐라가 그 정원의 자랑거리였다고 한다.

현재의 허브가든

유럽인들은 세계 각국에서 채집한 허브를 식용, 약용 등 실용 목적이나 종교적, 장식적 목적으로 이용하기 위해 허브가든을 만들어 재배했으며, 단순히 실용적 재배로만 그치지 않고 방향성이 강한 허브를 장식적 화훼류와 함께 정원식물로 도입했다.

근세 르네상스시대 이후, 허브는 유럽 주택정원의 필수적인 식물 소재로 이용되면서, 영국을 비롯한 유럽 여러 나라에서는 가정마다 허브가든이 일반화되었다. 그 후 점차 기능적으로 식용, 약용, 미용, 방향용, 장식용 등 이용별 특성에 따라 허브가든이 조성되기 시작했으며, 나중에는 공원의 향기원(香氣園)이나 식물원으로 발전하게 되었다.

이렇게 역사적 전통과 문화적 표현을 갖춘 유럽에서의 허브가든은 현재 관광자원으로도 활용되어 그에 따른 수익성 및 이미지 효과를 제고하고 있다. 최근 우리나라에서도 허브에 대한 관심이 높아져 TV나 잡지, 신문 등 언론매체뿐만 아니라 대학의 사회교육원에서도 강의가 실시되고 있는데, 허브는 인간에게 '유용한 녹색식물'의 총칭으로서 약용, 미용, 식용 및 인테리어나 관광소재 등 광범위하게 쓰인다고 하여 '21세기 미래식물'로 인정받고 있다.

허브, 똑똑하게 관리하는 노하우

　향과 그 매력에 끌려 허브를 길러보고자 하는 사람들이 많다. 하지만 재배가 어려워 실패했다고 하는 경우가 많은데, 그 이유는 허브 각각의 특성을 잘 모르기 때문이다. 허브는 기본적으로 생육이 매우 강하여 어느 토양에서나 잘 자라지만, 특성상 건조한 토양을 좋아하는 허브가 있고, 습한 토양을 좋아하는 허브가 있으며, 그늘을 선호하는 허브가 있다. 그러한 생육 환경을 모른 채, 아침저녁으로 물만 잔뜩 부어주며 잘 자라라고 정성을 다해보지만 어느 틈엔가 비실비실 죽어버린다. 그 이유가 궁금해서 허브의 뿌리를 캐보면 너무 습해 모두 썩어버린 것을 알 수 있다. 이것은 생육의 기본조건이 되는 햇빛의 양과 충분한 통풍, 배수에 대한 배려를 하지 못했기 때문이

다. 따라서 생육환경을 충분히 파악한 후 길러야만 실패할 위
험이 없다. 허브에 대한 생육 특성은 뒤에서 간단하게 설명하
기로 하고, 여기에서는 생육 특성별로 허브와 허브의 상승효
과(synergy effect)를 이용한 정원 만들기를 소개하기로 한다.

생육 특성별 허브

- 고온에서 잘 발아하는 허브 : 바질, 세이지, 타임, 민트, 라
  벤더, 루, 레몬그래스, 타라곤, 마조람, 로즈마리, 차이브 등.
- 추위에 강해 직파하는 것이 좋은 허브 : 차빌, 딜, 카모마
  일, 안젤리카, 로켓, 코리안더, 댄더라이온, 치커리 등.
- 춘화(휴면하고 있는 씨앗이 저온에서 적당하게 발아를 개시
  하는 것)하는 허브 : 안젤리카, 스위트바이올렛, 로즈 등.
- 발아에 빛이 필요한 허브 : 바질, 민트, 차빌, 야로, 딜 등.
- 빛이 있으면 발아하기 힘든 허브 : 차이브, 로켓, 머스터드 등.
- 여름에 잠시 휴면하는 허브 : 타라곤, 차이브, 마조람, 페
  퍼민트 등.
- 휴면이 짧은 허브 : 차빌, 카모마일, 딜 등.
- 휴면이 긴 허브 : 콩과 수련과의 허브는 보존 상태가 좋으
  면 100년이 지난 뒤에도 발아하는 것으로 알려져 있다.
- 가을에 뿌리를 움직이지 않는 것이 좋은 허브 : 로즈마리,
  라벤더, 레몬그래스, 타라곤 등.
- 3월 상순에서 하순에 포기나누기를 해야 좋은 허브 : 타라

곤, 타임, 치커리, 차이브, 히숍, 레몬그래스 등.

- 늘 푸른 허브 : 라벤더, 로즈마리, 타임, 히숍, 베이, 산토리나, 티트리 등.
- 습기에 약한 허브 : 로즈마리, 라벤더, 타임, 타라곤 등.
- 음지와 반음지에서 잘 자라는 허브 : 레몬밤, 민트, 베르가모트, 세인트존스워트, 스위트바이올렛, 안젤리카, 야로, 제라늄, 차빌 등.
- 건조한 곳을 좋아하는 허브 : 라벤더, 세이지, 타임, 나스터튬, 마조람, 레몬유카리, 로즈마리 등.
- 수분이 충분해야 잘 자라는 허브 : 바질, 차빌, 애플민트, 스피아민트, 파인애플민트, 페퍼민트, 레몬그래스, 레몬밤 등.
- 화분에 기르면 좋은 허브 : 라벤더, 로즈마리, 타임, 민트류, 오레가노, 제라늄, 스위트바이올렛 등.
- 노지에서 월동이 가능한 허브 : 라벤더, 카모마일, 레몬밤, 오레가노, 민트류, 베르가모트, 안젤리카, 탄지, 히숍, 타임, 세이지, 야로, 디기탈리스, 루, 타라곤, 펜넬, 세이보리, 엘리캠페인, 캐트닙, 산토리나, 피버퓨, 세인트존스워트, 소프워트, 머스크말로, 엘더, 치커리, 소렐, 댄더라이온, 샐러드버닛, 차이브, 보리지, 차빌, 린덴 등.

허브의 상승효과(synergy effect)를 이용한 가든 만들기

예로부터 '의사의 식물'이라고 일컫는 카모마일은 쇠약해져 있는 식물을 기력이 넘치게 하는 허브로 유명한데 페니로열, 야로, 나스터튬, 세이지, 네틀, 캐러웨이, 플럭스, 코리안더, 민트, 딜, 펜넬, 타임, 로즈마리 등도 식물 전체의 컴패니언 허브(companion herb), 즉 궁합이 맞는 좋은 허브이다. 방향이 강한 자연허브는 병충해도 적으나 재배허브는 병충해가 생기기 쉽다.

야채를 심어 놓은 곳에 꿀풀과의 허브류를 혼식재배하면 병충해로부터 예방이 되고, 과수원에 서든우드나 탄지를 심으면 과일에 구멍을 뚫는 누에나방의 피해를 막을 수 있다. 야로, 카모마일, 네틀을 다른 허브와 혼식하면 좋은 생육상태로 잘 자란다. 진딧물에는 나스터튬이 좋으며, 사과의 부패병에는 차이브를 심어서 막는다. 이와 같이 상승효과를 얻을 수 있는 허브 궁합의 33가지를 소개하기로 한다.

-아니스와 코리안더를 함께 심으면 발아가 촉진된다.
-바질은 온실가루이(화이트플라이)의 방충이 되고, 토마토와 잘 맞아 파리와 모기의 방충용으로 좋다.
-보리지는 딸기와 혼식하면 좋고, 토마토나 호박과도 잘 맞는다.
-캐러웨이는 펜넬 곁에 심으면 좋다.
-카모마일은 양파, 양배추와 혼식하면 좋은데, 너무 많으면 역효과가 나므로 주의한다.
-차빌을 홍당무 곁에 심으면 홍당무의 생육상태가 좋다. 래

디시를 차빌 옆에 심으면 차빌 맛을 더 좋게 한다.

- 차이브는 홍당무의 발육을 좋게 하며, 사과나무 밑에 심으면 부패병을 예방할 수 있고, 장미의 흑점병과 진딧물을 예방할 수 있다.

- 컴푸리는 양분을 많이 간직한 퇴비가 된다. 잎과 뿌리를 밑동에 놓거나 액체비료로 쓴다.

- 코리안더는 진딧물의 방충에 좋다. 그러나 펜넬의 곁에 심으면 종자형성을 방해한다.

- 딜은 양배추, 옥수수, 양상추, 오이 곁에 심으면 좋고, 수정을 피하기 위해서는 펜넬 곁에 심지 않는다.

- 펜넬은 야채밭에서는 함께 기르지 않는 편이 좋으며, 토마토나 캐러웨이, 웜우드와는 잘 맞지 않는다. 벼룩을 방충하므로 개집 주변에 심으면 좋다.

- 마늘은 장미꽃 곁에 심으면 진딧물의 방충이 되고 튼튼하게 자란다. 또 과일나무 둘레에 심으면 나무좀의 방충이 된다. 그러나 콩 종류나 양배추, 딸기의 생육에는 방해가 된다.

- 제라늄은 장미, 포도, 옥수수 곁에 심으면 좋고, 양배추벌레의 방충이 된다. 제라늄 오일은 파리와 진드기를 쫓는다.

- 히숍은 양배추, 포도에 좋으며, 흰나비 및 야채, 꽃에 붙는 벌레의 방충이 된다.

- 라벤더는 타임과 잘 맞으며, 벌이나 나비를 끌어들인다.

- 레몬밤도 벌을 끌어들이며, 토마토의 맛을 좋게 한다.

-러비지는 용도가 광범위한 컴패니언 허브(companion herb)로 식물의 건강과 기질을 좋게 한다.

-마조람은 야채 곁에 심으면 유익한 효과를 발휘한다.

-민트는 양배추의 방충에 효과가 있고, 벼룩, 개미, 쥐 등의 방제에 도움이 된다. 그러나 민트와 파슬리는 서로 떨어뜨려 심는 편이 좋다.

-나스터튬은 곤충 퇴치에 유익하다. 브로컬리, 콜리플라워, 양배추, 래디시, 과일나무 등에 혼식하면 좋다.

-오레가노는 브로컬리, 양배추, 콜리플라워 곁에 심으면 좋고, 양배추와 오이에 붙는 갑충을 방충할 수 있다.

-파슬리는 차이브의 곁이 좋으며, 민트로부터는 분리하여 키운다. 장미, 토마토, 아스파라거스, 홍당무의 생육에 좋다.

-로즈마리는 세이지와 함께 심으면 좋고, 홍당무, 양배추, 콩 종류의 생육을 촉진시키지만 감자 곁에는 심지 않는다.

-루는 바질을 싫어하지만 장미, 딸기, 무화과 곁에 심으면 좋다.

-세이지는 로즈마리와 함께 심으면 좋고, 양배추와 홍당무와 잘 맞으나, 오이와는 떨어뜨려 심는다.

-샐러드 버닛은 타임, 민트와 좋다.

-섬머 세이보리는 양파와 청두(聽頭) 곁에 심으면 좋고, 윈터 세이보리는 유익한 방충 효과가 있다.

-탄지는 개미, 파리, 누에나방을 쫓아 버린다. 과일나무와 장미 곁에 심으면 좋고, 칼륨이 풍부해서 좋은 퇴비가 된다.

-타라곤은 용도가 광범위한 컴패니언 허브로서 식물 전반
에 유익하다.

-타임은 벌을 끌어들이며 양배추 벌레를 퇴치한다. 식물 전
반에 걸쳐 유익한 허브이다.

-발레리안은 퇴비와 함께 넣으면 좋은데, 흙 속의 인을 활
발하게 한다. 또 지렁이가 좋아한다.

-웜우드는 다른 식물의 성장을 방해하므로 정원의 가장자
리에 심어 다른 식물의 침입을 막는데 사용하며, 다른 허
브의 생육을 방해하기 때문에 혼식은 금물이다. 침출액은
달팽이와 같은 연체동물의 피해를 예방한다.

-야로는 다른 모든 에센셜 오일의 함유를 증가시키고 풍미
를 좋게 한다. 건조한 풀은 양(羊)에게 좋다.

대표허브 25개 심층분석 : 특징 및 효과 100% 활용법

1. 라벤더(꽃말 : 행운, 헌신)

학명 : Lavandula officinalis

영명 : Lavender

'라벤더'는 라틴어의 'lavando'가 어원이며, 'lavare(씻다)'라는 동사에서 유래하였다. 지중해 연안지방이 원산지이며 향이 강한 허브로 꽃과 줄기, 잎에 방향(芳香)이 있다.

현재 28종의 라벤더가 알려져 있는데, 그 중에서 잉글리쉬 라벤더가 가장 대표적이라고 할 수 있다. 라벤더하면 남 프랑스 프로방스 지방의 짙은 코발트빛 하늘과 바람결에 출렁이는 환상적인 보라빛 라벤더의 물결이 연상되는데, 아름다운 꽃과 우아하면서도 기품 있고 달콤한 향기에, '허브의 여왕'으로 군림하는 것은 당연하다고 할 수 있다.

'라벤더 워터'는 여왕 엘리자베스 1세와 스튜어트 왕가시대에 인기가 높았던 것으로 찰스 1세의 부인 마리 앙리에트로부터 특히 총애를 받았던 향수였다. 또 그리스 로마시대에는 세탁물을 라벤더 묘목에 넣어 향이 스며들게 했다고 하며, 옷장이나 서랍에도 라벤더 주머니를 넣어 좀이나 해충을 퇴치했다고 한다.

세익스피어의 대표작인 「겨울 이야기」에는 "꽃을 드립시다. 향이 강한 라벤더, 민트, 세이보리, 마조람을"이라는 구절에서 라벤더가 등장하기도 하고, 영국의 인기 애니메이션 「포스트맨·하트」에서는 불면증에 걸린 여주인공이 이웃에 사는 노부인으로부터 라벤더를 넣은 베개를 권유받는 장면이 소개되고 있다.

라벤더를 차로 마시면 고혈압과 두통에 좋을 뿐 아니라, 기분이 울적할 때 밝게 전환시켜 주고 진정작용이 뛰어나 숙면에 도움을 준다. 또 살균과 소독작용이 있고, 가벼운 화상이나 벌레물린 데 바르면 외상치료에도 유용하다.

라벤더는 매우 다양하게 쓰이는데 꽃의 향과 색채에 따라 관상은 물론이고 포푸리, 목욕제, 화장수, 마사지 오일 등의 원료로 쓰인다. 라벤더의 에센셜 오일은 티트리와 함께 피부에 직접 발라도 되는 안전한 오일로서 아로마테라피에 가장 광범위하게 사용되고 있다.

요즘은 거의 요리에 사용하지 않지만 중세시대에는 스튜나 고기요리의 맛을 내는 데 잎을 사용하기도 했고, 꽃은 설탕절임이나 잼으로 만들어 식욕증진을 도왔다고 한다.

생육 특성상 발아가 까다로운 편이라서 특히 신경을 써야 하는데 여름의 고온다습을 싫어하고, 비옥한 땅보다는 유기질이 적은 석회질 토양을 좋아하기 때문에 배수와 통풍에 각별히 유의해야 한다.

라벤더를 이용한 향주머니 만들기

라벤더 성분에는 진정 효과가 있어서 불면증 치료에 오래 전부터 쓰이고 있다.

● 재료

라벤더 1/2큰술, 면으로 된 천 7×12cm, 리본 25cm, 솜 약간.

● 만드는 법

① 안쪽이 겉으로 나오게 하여 직사각형 주머니를 만들고 꿰맨 다음 뒤집는다.

② 라벤더를 솜에 싸 넣은 후 입구를 리본으로 묶는다. 크기는 쓰임새에 따라 조절한다.

2. 로즈마리(꽃말 : 기억, 변하지 않는 애정과 추억)

학명 : Rosmarinus officinalis

영명 : Rosemary

세익스피어의 명작 「햄릿」의 한 대목에서 넋이 나간 오필리아가 모두에게 로즈마리와 펜넬을 전해주는 장면이 나오고, 「로미오와 줄리엣」의 한 대목에서도 줄리엣이 가사상태가 되었을 때 로렌스 신부가 "당신의 로즈마리를 언제나처럼 이 아름다운 시체에 장식하네요."라고 말하는 구절이 있다. 여기에서 오필리아나 줄리엣은 평소 로즈마리를 애호한 것을 알 수 있는데, 지중해 연안지방이 원산지인 로즈마리는, 라틴어로 '바다의 이슬'이라는 뜻을 가지며 청초하고 아름다운 줄리엣과 특히 잘 어울리는 허브로 연상된다.

꽃 또한 입술 모양의 청색을 띠는데 숲의 향기를 담고 있는 듯한 로즈마리는 옛날부터 젊음을 유지하고 아름다움을 소생시키는 허브로서 유럽에서 다양하게 사용돼 왔다. 헝가리의 엘리자베스 여왕이 로즈마리를 이용해 목욕을 하고 로즈마리 화장수를 사용하는 동안 병이 치료되어, 당시 72세임에도 불구하고 연하의 폴란드 왕으로부터 구혼을 받았다는 일화는 지금까지 내려오는 유명한 이야기이다.

로즈마리는 관혼상제의 허브로도 유명하다. 옛날부터 결혼식이나 장례식에 쓰였는데, 사체를 매장하기 전에 관 위에 로즈마리를 던지는 관습이 있고 지금도 교회의 정원이나 묘지 곁에 로즈마리가 심어져 있는 것을 볼 수 있다.

옛날에 유럽에서는 장티푸스가 유행하면 로즈마리를 휴대했다고 하는데 로즈마리의 방향(芳香)에는 강력한 살균, 소독작용이 있다고 믿었기 때문이며, 실제 그런 효과가 검증되었다. 또 재난으로부터 자신을 지키는 힘이 있다고 믿어 오늘날에도 결혼식 때 신부의 부케에 로즈마리를 넣어 만들고 있다.

약리 효과로는 강장이나 정신안정, 소화촉진 작용이 있으며, 강하고 상쾌한 향은 두뇌를 명석하게 하며 기억력 증진과 더불어 집중력을 높이는 효과가 있어서 수험생에게 특히 유용하다. 로즈마리의 줄기나 에센셜 오일을 이용한 방향 목욕은 근육통이나 관절염에 좋고, 샴푸나 린스로 사용하면 양모제로서의 효과 또한 뛰어나며, 꽃으로 만든 증류수는 눈의 세정에 탁월하게 작용한다.

요리를 할 때에는 로즈마리의 줄기, 잎, 꽃을 모두 이용하는데 이는 열을 가해도 향이 그대로 살아 있기 때문이며, 세이지, 타임과 더불어 육식요리에 많이 애용된다.

상록 다년초로서 언제라도 푸른 잎을 손쉽게 수확하여 이용할 수 있는 장점이 있는데, 생육 특성상 양지바른 남향이 좋고 건조한 상태를 좋아하므로 습한 곳은 피하며, 통풍이 잘되는 곳이 좋다. 토양에 석회를 섞어주면 더욱 좋다.

로즈마리를 이용한 화장수(헝가리 워터) 만들기

• 재료

로즈마리(잘게 썬 것) 1컵, 민트(잘게 썬 것) 3큰술, 오렌지 껍질(무농약 오렌지 껍질 잘게 썬 것) 1/2개, 로즈워터 1컵, 보드카 2컵.

• 만드는 법

재료들을 모두 섞어 2주일 동안 숙성시킨 후 걸러서 스킨으로 사용한다. 이때 오렌지는 친환경 무농약 제품을 이용해야 한다. 알코올이 들어갔기 때문에 트러블이 생길 수도 있으므로 패치테스트(patch test)를 해본 후, 사용하는 것이 안전하다. 또 한국인의 체질에는 강하다고 느껴질 수 있기 때문에 로즈워터를 좀더 첨가해도 무방하다.

3. 민트(꽃말 : 미덕, 격렬한 사랑과 위안)

학명 : Menthe piperita
영명 : Mint

상쾌한 고원의 싱그러운 바람을 연상시키는 민트향은 아름다운 요정 멘타의 화신이라고 전해지고 있다. 로마 신화에 의하면 강의 신 코키투스의 딸 멘타가 지옥의 왕 플루토(그리스 신화의 하데스와 동일)의 사랑을 받았는데, 왕비인 페르세포네가 질투를 못 이겨 멘타를 묶어 강가의 풀로 변하게 만들었다고 한다. 또 신약성서 마태복음 23장 23절을 보면 "바리새인이여 너희가 박하, 회향과 근채의 십일조를 드리되"라는 구절이 있는데, 여기에서 박하란 민트를 말하는 것으로써 아랍 문화에서 귀하게 쓰였음을 알 수 있다. 그리스 로마시대에는 식욕증진의 허브로서 식탁에 생잎을 비벼놓아 향기를 퍼지게 하고, 팔에 발라서 힘이 강하다는 것을 표시했다고도 한다.

민트는 껌이나 캔디, 치약 등의 성분으로 우리에게 친숙한 허브인데, 우리나라의 박하를 비롯해 페퍼민트, 스피아민트, 블랙페퍼민트, 애플민트, 페니로열민트, 오데콜론민트 등 재배종만 해도 약 20여 종에 이르며 야생종까지 포함하면 그 수가 훨씬 많다.

민트류는 종류에 따라 다소 차이는 있지만 살균, 소화촉진, 건위작용, 구내소취제, 치약, 위약 등의 원료로 쓰인다. 차로 마시면 식후 소화불량에 효과가 있고 감기에도 효과가 있어서 겨울 내내 마시면 감기를 예방할 수 있다. 페퍼민트는 특히 살균 및 구충 효과가 뛰어나고 피부염이나 가려움증에도 약효가 있다. 애플민트나 스피아민트는 요리에 적합하며 오데콜론민트의 잎은 목욕제로, 페니로열민트는 파리, 벼룩, 개미 등의 유해 곤충을 물리치는 데 뛰어난 효과를 발휘하므로 애완동물이나 어린이가 있는 집안에서 창문이나 실내 한구석에 놓아두면 안전한 구충제가 된다.

생육 특성상 토양은 가리지 않지만 양지바른 곳보다 반음지를 좋아하고 저온다습에 강하며 월동에도 문제없지만, 고온건조에는 약해 한여름에는 잠시 생육을 멈춘다.

민트차 만들기

민트 잎은 생잎이면 4~5장을, 건조한 잎(말린 잎)이면 작은 술 하나를 1인분으로 하여 미리 따뜻하게 해놓은 도자기 주전자나 내열 유리포트에 넣은 다음, 미리 끓인 물을 조금 식혀서 붓는다. 그리고 뚜껑을 덮고 생잎은 5분, 건조한 잎은 3분 정도 기다렸다가 음용하면 된다. 위장이 약한 분이나 술을 많이 마셔 메슥거릴 때 권할 만하다.

4. 레몬밤(꽃말 : 동정심, 위로, 애정)

학명 : Melissa officinalis
영명 : Lemon Balm

이름처럼 레몬의 향기가 있는 허브의 하나로 밤(balm)이라고도 하는데, 벌을 모아 꿀을 얻기 위한 밀원 식물로도 유명하다. 속명 멜리사(Melissa)는 그리스어로 '꿀벌'을 의미하는데, 그리스 신화에 등장하는 반신반인인 멜리사는 봉밀(꿀)로, 아말테이아는 산양의 젖으로 제우스를 양육했다고 전해진다. 멜리사라는 어원도 여기서 유래되었다.

16세기 스위스의 의사 파라셀수스(Paracelsus)는 '불로장수의 비약'이라고 불렀고, 웨일즈의 왕자 르웰린(Llewelyn)은 매일 아침 레몬밤차를 마시고, 108세까지 장수했다고 전해진다.

17세기에 파리의 칼멘회의 수도사들은 레몬밤의 잎을 증류하여 칼멘워터라고 하는 콜론(colonge)의 전신을 만들었는데, 이것은 신경성 두통이나 신경통을 완화하는 것으로 정평이 나 있다. 아랍인 의사들은 일찍부터 약효를 발견해 강심제라고 부르며 우울한 기분을 날려버리는 힘이 있다고 믿었다.

레몬밤은 우울증, 스트레스, 생리통, 건위 등을 완화시키고, 발열이나 두통에 효과가 있다. 또 생잎을 비벼 상처가 난 입안에 대면 해독작용이 있어 감염 예방에 도움이 된다. 전갈이나 독거미에 물렸을 때도 해독작용을 발휘하며, 설사를 완화시켜 주기도 한다.

요리에 사용할 때는 잎을 잘게 잘라 육류, 생선요리, 샐러드, 수프, 소스, 와인 등에 첨가해 맛을 내고, 미용에 쓸 때는 지성 헤어린스나 훼이셜 스팀(facial steam)에 사용하며 탈모방지에도 효과가 있다.

건조시킨 잎은 허브차나 포푸리, 입욕제로 사용하고 베개 속에 넣어도 좋다. 예부터 레몬밤은 아로마테라피에 필수적으로 사용해왔다. 레몬밤은 생육 특성상 밝은 반음지가 적합하며, 적당한 수분이 있고 유기질 성분의 비료분이 많은 토양을 좋아한다.

레몬밤을 이용한 샐러드 드레싱 만들기

요구르트 1컵, 레몬즙 2작은술, 신선한 레몬밤 잘게 썬 잎 2큰술, 소금, 후추 약간을 잘 섞어서 샐러드에 뿌리면 저칼로리 드레싱이 된다. 마요네즈 대신 사용하면 좋다.

5. 베르가모트(꽃말 : 감수성이 풍부함)

학명 : Monarda didyma
영명 : Bergamot
북아메리카가 원산지인 이 식물은 수많은 이름을 갖고 있

다. 이탈리아산 베르가모트 오렌지와 비슷한 방향이 있기 때문에 베르가모트라고 불리고, 꿀을 많이 가지고 있어 비밤(bee balm)이라고도 불린다.

학명 모나르다(Monarda)는 발견자인 니콜라스 모나르데스 (Nicholas Monardes, 스페인의 의사이며 식물학자) 박사를 기념하기 위해 붙여졌고, 미국에서는 인디안 오스웨고족이 건강차로 상용했기 때문에 '오스웨고차'라는 이름으로도 알려져 있다.

고대 그리스 3대 건축양식의 하나인 코린트 양식의 건축물에서는 자주 이 잎을 디자인한 문장이 사용되고 있는데, 관상 가치가 있는 아름다운 잎이 당시대의 사람들에게도 큰 사랑을 받은 듯하다.

베르가모트의 성분에는 심신의 피로를 부드럽게 풀어주는 최면 효과가 있어 불안과 스트레스에 시달리는 현대인에게 아주 유용한 허브이다. 또 소화기관에도 좋은 작용을 하므로 소화불량, 헛배부름, 식욕상실 등을 치료하고, 편도염, 기관지염을 포함한 호흡기 계통 질환에도 도움이 된다. 꽃과 잎을 허브차로 하거나 홍차와 블렌딩해서 마셔도 좋고, 와인이나 칵테일에 신선한 잎을 띄워서 풍미를 만끽할 수 있다. 드라이플라워, 포푸리 염색에도 사용된다.

여름에 선명한 빨강이나 분홍색, 하얀색의 꽃을 피우는 베르가모트는 뛰어난 자태 때문에 허브가든에 자주 이용된다. 생육 특성은 습기가 많은 장소를 좋아하고 추위나 병충해에도 강해 키우기 쉽다.

베르가모트로 향기나는 꽃다발 만들기

허브의 꽃들은 거의 아름다운 파스텔 컬러이다. 그렇지만 이 베르가모트는 특히 화려하기 때문에 화단 초화로도 손색이 없고, 여러 종류의 베르가모트와 구색을 맞춰 간단하게 꽃다발을 만들 수 있다.

선물할 꽃다발의 경우 색의 배합이 잘 되게 묶은 꽃다발의 줄기를 물에 적신 종이타월로 가볍게 싼 다음 호일로 감는다. 화려하게 포장하지 않고 소박한 느낌으로 말끔하게 정리하는 것이 요령이다. 한편 7분(分) 정도 핀 꽃을 다발로 만들어 통풍이 잘되는 음지에서 말리면 아름다운 드라이플라워가 완성된다.

6. 보리지(꽃말 : 용기)

학명 : Borago officinalis

영명 : Borage

하늘에서 땅으로 내려온 듯한 별 모양의 파란색 아름다운 꽃 보리지는 고대 그리스나 로마시대부터 즐겨 이용한 허브로서 꽃이나 잎을 술에 담가 마시면 모든 슬픔이나 고민을 잊게 해준다고 믿어왔다. 꿀을 살짝 머금고 있는 꽃잎을 와인에 띄우면 분위기를 한층 고조시켜 준다.

영국에서는 튜더왕가 시대의 귀부인들이 좋아하여 보리지의 꽃을 자수의 도안으로 사용하였고, 전쟁에 나갈 때에는 이

별하는 술잔에 이 허브를 띄웠다고 한다. 또 스카프에 보리지를 수놓아 경기하는 기사에게 주기도 했다.

식물 화가에게는 어느 시대에나 매력 있는 좋은 소재가 되었고, 루이 14세의 베르사유 정원에도 앙증맞은 보리지가 정원 한쪽을 장식했다. 프랑스에서는 잎과 꽃을 허브차로 만들어 감기, 유행성 독감에 걸렸을 때 애용했다고 한다.

약리 작용으로 뛰어난 강장작용이 있고 기침, 기관지염에 효과적이며 특히 잎에는 칼륨, 칼슘 등 미네랄이 풍부하게 함유돼 있어 이뇨, 발한, 정화작용이 뛰어나다. 또 예부터 민간요법에 약초로 이용돼 왔는데 습진이나 피부병에도 효과가 있다.

오이와 비슷한 향기가 있어 기분을 상쾌하게 해 주는데, 잎이 부드러울 때는 샐러드나 케이크 장식용으로 쓰이며, 설탕 절임한 것은 병후에 체질이 약해진 사람에게 강장제로 먹이면 좋다. 또 리큐르와 비슷한 코디얼(cordial)의 풍미를 더할 때 꽃이나 잎을 사용하며 와인이나 레모네이드에 꽃을 띄우면 분위기를 한층 돋보이게 한다.

생육 특성상 양지바르고 통풍이 잘 되며 유기질이 많은 비옥한 토양을 좋아하고, 추위에는 강하고 여름의 습기에는 약하므로 주의가 필요하다.

보리지 와인 즐기기

차게 한 와인에 보리지 꽃을 2~3장 띄우는 것으로 즐거움이 배가되는데, 꽃을 함께 마셔도 좋다.

Crystallized 허브(설탕절임)만들기

보면 볼수록 앙증맞은 보리지의 꽃과 자태를 설탕절임으로 만들어 놓아도 냉장고에서 1~2개월은 아름다움이 보존된다.

① 신선한 꽃과 계란 흰자를 준비한다.

② 먼저 꽃과 잎을 잘 씻어서 물기를 빼고 평평한 곳에 놓는다.

③ 계란 흰자는 거품이 생기지 않게 자르듯이 저어서 꽃과 잎의 양면에 가는 붓으로 얼룩지지 않도록 바른다.

④ 작은 접시에 설탕을 듬뿍 펼쳐 놓고 꽃과 잎에 설탕을 잘 묻힌다.

⑤ 평평한 용기나 파라핀지를 깐 위에 꽃과 잎을 나란히 하여 2~3일 그대로 두고 충분히 건조시킨다(냉장고 또는 건조제를 넣은 용기에 넣고 보존한다).

7. 세이지(꽃말 : 건강과 미덕, 장수)

학명 : Salvia officinalis

영명 : Sage

세이지는 클라리세이지, 파인애플세이지, 체리세이지, 라벤더세이지, 레드세이지, 골든세이지 등 품종이 다양할 뿐 아니라, 초여름에 청색, 흰색, 분홍색, 노란색 등 다채로운 꽃을 피워 '허브가든의 여왕'으로 불리는데, 그리스 로마시대부터 많은 사람들에게 만병통치약으로 이용돼 왔다.

영어는 'Sage', 프랑스어는 'Sauge', 이탈리아어는 'Salvia'로 라틴어의 '구하다', '오래 살게 하다'를 의미하는 'Salvare'가 그 어원이다. "세이지를 심어놓은 집에서는 죽어 나오는 사람이 없다.", "영원히 살고 싶은 자는 5월에 세이지를 먹을 것" 등의 중세 영국 속담도 전해지고 있다. 베란다나 정원에 세이지를 심어 놓는 가정이 늘고 있는 것은 이 때문이다.

세이지차는 기분을 맑게 하고 흥분을 진정시키며 구강염 및 잇몸출혈, 구취방지에 효능이 있는데, 지나치게 마시는 것은 피하는 것이 좋다. 만능약으로서 살균, 소화, 강장, 정신안정, 해열에 효과가 있고 과로한 사람이나 신경질적인 사람에게도 좋다. 또 류머티즘에도 사용된다. 잎의 침출액은 살균과 피부 재생 작용이 있으며 궤양, 외상, 거친 피부 등에 유효하고 방향성분을 추출한 정유는 화장수를 만드는 데 사용한다. 이것을 라벤더 워터와 섞으면 피부 노화를 예방하는데 한층 효과적이다.

세이지를 요리에 이용하면 고기나 생선의 지방분을 중화시켜 냄새를 제거해 주는데, 특히 육류 요리에 세이지를 넣으면 고상한 맛이 나며 기름기 많은 음식이라도 식후의 느끼함이 없다. 또 토마토나 치즈, 햄 등을 사용한 이탈리아 요리와 어울리고, 소시지나 햄버거 만드는 데도 빼놓을 수 없는 허브이다. 다만 너무 맛이 강해 많이 사용하지 않도록 주의해야 한다.

꽃과 잎은 말려서 포푸리나 리스 만드는 데도 이용한다. 생육 특성상 저온에 강한 세이지는 양지바르고 배수가 좋으며 통풍이 잘 되는 곳이 적합하다.

세이지 치약 만들기

① 약 절구에 소금 2큰술과 말린 세이지 2큰술을 섞어 분말이 되게 간다(짜지 않은 죽염이 좋다).

② 전자레인지에서 바삭바삭하게 될 때까지 굽는다.

③ 다시 한번 잘 섞어서 가루로 만든다.

④ 양치할 때마다 칫솔에 묻혀서 사용한다.

(주의할 점 : 물에 젖은 칫솔을 세이지 치약에 그대로 방치하지 말 것.)

8. 제라늄(꽃말 : 행복)

학명 : Pelargonium spp

영명 : Scentedgeranium

19세기 중엽 영국의 역사상 가장 번영했던 빅토리아 여왕 시대의 상류 사회에서는 겨울에 로즈 제라늄을 화분에 담아 실내의 한 구석에 배치하는 것이 유행했다. 그것은 귀부인들의 긴 스커트에 제라늄 잎이 스칠 때마다 향기로운 장미향이 거실 가득 퍼졌기 때문이다.

제라늄은 일반적으로 원예종으로 알려져 있는데, 허브로 이용되는 것은 잎과 줄기 등에 정유 성분이 들어 있는 센티드 제라늄이다. 예를 들면 레몬, 파인, 오렌지, 민트, 애플, 로즈 등인데 그 가운데 가장 대표적인 것은 로즈 제라늄이라고 할 수 있다. 각각의 향기에 개성이 있고 잎의 색이나 형태도 다양하다.

제라늄의 성분은 이뇨작용이 뛰어나 노폐물을 배출시키며 황달, 신장결석, 당뇨, 요도염 등 여러 감염증을 호전시킨다. 또 유럽에서는 옛날부터 창상에도 이용하였다고 한다.

제라늄은 꽃이나 잎을 채취하여 그대로 샐러드나 아이스크림, 케이크, 젤리 등을 만들고, 과자의 향을 내거나 장식용으로 사용하는데, 쿠키를 구울 때에는 생잎을 넣기도 한다. 또한 차, 주스, 잼, 요구르트, 펀치 등의 향을 돋우는데도 이용한다. 이 외에도 건조 후에도 향기가 강해 포푸리나 향주머니로 만들고, 목욕제와 꽃다발, 압화 등에 주로 이용한다. 향수, 화장품, 비누에도 사용하는데 촉촉한 피부를 유지시켜 주는 것으로 알려져 있다. 기분을 맑게 해주는 효과가 있어 잎이나 에센셜 오일을 이용한 목욕을 하면 상쾌하고, 긴장감을 풀어주는 효과가 있다. 제라늄 성분은 모기를 물리치는 작용 및 피부염, 동상에 유효하여 마사지 오일의 재료로도 널리 사용된다. 유럽에서는 관상용 화분 재배로 인기가 높다. 화분이나 플랜터에 심어 연출하기 좋으며, 겨울의 그린 인테리어에 적합하다.

생육 특성상 고온다습을 싫어하므로 반음지에서 약간 건조하게 키우는 것이 좋다. 추위에 약하므로 실내에서 월동해야 한다. 재배지는 양지바르고 통풍이 잘 되며 비옥해야 하는데 겉흙이 건조해지기 전에 충분히 물을 주며 수시로 물과 비료를 섞어준다

로즈 제라늄 펀치 만들기

① 사과주스(100% 과즙의 맑은 타입) 1ℓ를 끓인 다음 설탕 100g과 제라늄 잎을 10장 정도 넣는다.

② 5분 정도 후에 다시 얇게 슬라이스한 라임 또는 레몬 4개를 ①에 넣어 식힌 후 거른다.

③ 얼음을 넣은 유리잔에 붓고 로즈제라늄 꽃으로 장식한다.

장미향 물씬나는 로즈 제라늄의 사과 디저트 만들기

로즈 제라늄으로 장미 향기가 나는 디저트를 만들 수 있다. 우선 로즈 제라늄 잎 10장을 포트에 넣어 뜨거운 물 200g을 붓고 뚜껑을 덮은 채 10분간 놓아둔 후 거른다. 이렇게 먼저 추출액을 만들어 놓는다.

빨간 사과 1개의 껍질을 벗겨 2등분하고 심을 제거한 후 3㎜ 두께로 자른다. 냄비(법랑 등 금속성 냄비 사용은 금물)에 추출액, 사과와 그 껍질(무농약 사과), 꿀, 적포도주 각 2큰술을 넣고 부드럽게 될 때까지 약한 불에서 약 10분 동안 끓인다. 차게 한 후에 잎을 모양 좋게 간 접시에 조리한 것을 장미 꽃 잎처럼 형태를 만든다.

9. 바질(꽃말 : 멋진 희망, 축복)

학명 : Ocimum basilicum

영명 : Sweet Basil

그리스어 '바질레우스(basileus)'는 왕이란 뜻으로, 고대 그리스 왕실에서 약과 고약으로 바질을 사용한 것에서 유래되었다고 한다. 또 다른 설은 사람을 죽이는 전설적인 괴물인 바질리스크(basilisk)의 독기를 없애는 상상의 약초에서 바질의 어원을 찾기도 한다.

바질은 인도가 원산지이고 알렉산더 대왕에 의해 유럽에 전해졌다고 한다. 인도에서는 힌두교의 크리쉬나신이나 비슈누신에게 홀리바질을 봉헌했는데, 그만큼 신성한 허브라는 것을 알 수 있다. 지금도 인도의 많은 사람들은 이 허브가 천국으로 가는 문을 연다고 믿어 죽은 사람의 가슴에 놓아둔다고 한다. 이탈리아에서는 예로부터 사랑의 향기로 알려져 왔으며 달콤한 향 때문인지 연인을 만나러 가는 젊은 처녀들은 반드시 바질을 몸에 지닌다고 했다.

바질은 약리효능이 탁월하여 이집트의 피라미드 속에서도 발견이 되며, 두통과 편두통, 천식, 기관지염, 소화불량, 집중력을 요할 때 효과가 있고, 여드름 억제 및 피부개선에도 좋다. 또 우윳빛의 꽃과 방향 때문에 이탈리아나 남 프랑스 요리에는 빠지지 않는 재료이고 신선한 잎은 비타민, 칼슘 철분이 많으며 특히 토마토 요리에 잘 어울린다.

건조한 잎은 신선한 잎에 비해 그 맛과 풍미가 현저히 떨어지고, 신선한 잎은 금속성이 닿으면 색이 변하기 쉽기 때문에 요리하기 직전에 자른다든가 직접 손으로 찢는 등 세심하게 신경을 쓰는 것이 중요하다.

옛날에는 민간요법으로 바질 잎을 다발로 묶어 창문에 걸어두고 파리를 쫓는데 이용하였고, 건조한 잎은 벼룩 퇴치에 사용했다. 잎이 신선한 여름에 바질 오일이나 바질 비니거를 만들어 두었다가 겨울에 이용하는 것도 생활의 지혜이다.

생육 특성상 양지바르고 배수가 잘되며 비옥한 토양을 좋아하는데, 바람이 강한 곳은 피하는 것이 좋다. 여름에는 물주기를 꼭 기억해야 하며, 표면의 흙이 완전히 마른 다음 물을 줘야 한다.

바질 풍미의 토마토 요리 만들기

완숙된 6개의 토마토를 가로로 자른 후 씨를 도려내고 안쪽에 소금을 살짝 뿌려 거꾸로 놓고 물기를 없앤다. 생 빵가루 1컵, 스위트바질 잎 4큰술, 파슬리 3큰술, 마늘 2큰술(모두 다진 것), 소금, 후추 등의 재료를 올리브오일 1/2컵에 모두 혼합하여 토마토 안에 넣는다. 200℃의 오븐에서 약 30분 정도 굽고 바질 잎을 접시에 곁들여 먹는다. 뜨겁거나 차가워도 맛이 좋다.

10. 야로(꽃말 : 싸움)

학명 : Achillea millefolium

영명 : Yarrow

영국 등 유럽이 원산지이고 잎의 모양 때문에 '서양톱풀이'라고 불리고 있다. 야로를 최초로 상처 치료에 사용한 것은 트로이 전쟁의 영웅 아킬레우스라고 하는데, 그는 그리스 신화에 나오는 예언, 의술, 음악에 뛰어난 현인 카이론에게 야로의 사용 방법을 배워, 트로이 전쟁에서 상처 입은 부하들을 치료했다고 하며, 이 때문에 'Achillea millefolium'이란 학명이 붙었다고 한다.

야로는 영국인이 가장 유용하게 쓰는 허브의 하나로 영국의 많은 허브가든에서 재배되고 있으며, 중세에는 악마나 마녀를 쫓아내는 강한 마력이 있다고 믿었다.

약리작용으로는 강장 효과가 우수하고 위통, 생리통, 갱년기 장애, 열을 동반한 감기, 창상, 베인 상처, 손발 터짐, 탈모 예방에 이용하기도 했다. 또 비타민과 미네랄을 풍부하게 함유하고 있는 허브로 꽃은 소화를 돕고 강장, 이뇨작용 및 혈압을 내리는 효과가 높아 고혈압 환자들은 이것을 차로 마시면 좋으며 유기농 야채를 많이 섭취하고 적당한 운동을 하는 것도 중요하다. 야로 꽃은 말려도 색채나 형태가 흐트러지지 않아서 포푸리나 리스 소재로 훌륭하다.

생육 특성상 한번 심으면 적응력이 뛰어나 재배가 쉽고 더

위와 추위에도 잘 견디며 토양에 관계없이 잘 자란다.

아로 핸드크림 만들기

피부를 매끈하게 하고 주름을 방지하는 밀랍으로 핸드크림을 만들 수 있다. 우선 코코넛유 5큰술에 야로 건조 잎 20g을 넣어 약한 불에서 5분 정도 끓여서 거른다. 여기에 중탕으로 녹인 밀랍 10g, 벌꿀 2작은술, 로즈오일 2~3방울을 전부 혼합하여 차게 해서 병에 넣어 보관하면 된다.

11. 오레가노(꽃말 : 사색)

학명 : Origanum vulgare

영명 : Oregano

별명이 '와일드 마조람'인 오레가노는 어원이 '산과의 즐거움'을 의미하는 그리스어 'oros ganos'이다. 오레가노 꽃에서 나는 방향의 비밀은 사랑의 여신 비너스가 만들었다는 설이 있고, 고대 그리스 로마 시대에는 행복을 부르는 향기로운 풀로서 신랑 신부의 화관에 장식하면 앞날을 축복한다고 하는 말이 전해지고 있다.

또 옛날부터 영국에서 성(聖)누가의 날(St Luke's Day, 10월 18일) 밤이면, 미혼의 아가씨들이 오레가노의 작은 가지와 타임, 웜우드, 마리골드의 꽃을 건조시켜 분말로 만들고 봉밀(蜂蜜)과 식초로 섞어 이것을 작은 용기에 넣어 침대 머리맡에 놓아두고, "누가님 누가님 부탁합니다. 부디 오늘 밤 꿈속에서 사랑하는 사람을 만나게 해 주세요."라는 주문을 큰소리로 세 번 말하면 미래의 남편이 꿈속에 나타난다고 믿었다.

오레가노는 고대부터 관상용 허브로 이용되었으며, 줄기와 잎, 꽃은 요리나 목욕제, 포푸리, 염색, 장식품에 다양하게 쓰였다. 요리할 때는 대개 말려서 사용하는데 그러면 생잎 특유의 풋내가 없어지고 은은한 향만 남게 되어 요리의 맛을 제대로 살릴 수 있다. 특히 독특한 풍미는 토마토와 궁합이 잘 맞아 이탈리아 요리, 멕시코 요리에 사용하고 피자에는 빠지지 않는 재료이다.

고대 그리스에서부터 약초로 이용된 오레가노의 침출액은 강장, 이뇨, 건위, 식욕증진, 해독작용이 있고 집안에 개미가 침입하는 것을 방지할 수도 있다.

생육 특성상 여름의 고온다습과 겨울의 추위에 강하며 토질이나 장소를 가리지 않는다. 한창 성장할 때의 싱그러운 녹색 잎은 야생식물의 강한 힘과 생명력을 느끼게 하며, 6월 하순경에 엷은 보라에서 홍색으로 만개하는 오레가노 꽃은 허브 가든의 백미라고 할 수 있다.

오레가노를 이용한 피자 토스트 만들기
● 재료
식빵 4장, 피자 소스 적당, 호박 1개, 양송이 8개, 피망 1개, 버터 2큰술, 피자용 치즈 120g, 오레가노 잎 적당량.

- 만드는 법
① 빵에 버터를 바르고 피자소스를 듬뿍 얹고 호박, 양송이, 피망을 얇게 썰어서 놓고 치즈, 오레가노를 얹는다.
② 180℃의 오븐에서 표면의 색이 약간 변할 때까지 굽는다.

12. 카모마일(꽃말 : 역경에 굴하지 않는 강인함)

학명 : Chamaemelum nobile
영명 : Chamomile

새끼손톱만한 크기의 앙증맞은 꽃을 피우는 카모마일은 고대부터 많은 사람들에게 사랑을 받아왔다. 꽃이 온 세계를 비추는 태양과 닮았다고 하여 '태양이 점지해 준 아이'라고도 하고, 혹은 사과향이 난다고 하여 '대지의 사과' 등으로 불린다.

길가나 황무지에서 자라는 카모마일은 아무리 밟아도 죽지 않고 꽃을 피우기 때문인지 꽃말이 '역경에 굴하지 않는 에너지'이다. 일년초인 저먼 카모마일과 다년초인 로만 카모마일, 그리고 노란색 꽃을 피우는 다이야즈 카모마일 등이 있다.

카모마일은 꽃을 주로 이용하는데 신선한 생화나 건화를 이용한 카모마일차를 취침 전에 마시면 불면증에 효과가 있다. 또 발한작용으로 초기 감기에 유용하며 진정 효과와 강장작용이 있고, 우려낸 물로 목욕을 하면 심신의 긴장을 풀어주며 피부의 살균, 정화 및 전신미용에 효과가 크다.

최근 일본에서는 카모마일에 있는 소염, 살균 성분이 아토피성 피부염에 효과가 있다고 하여 병원에서도 사용하기 시작했다고 하는데, 중세시대에는 침대에 뿌려놓는 허브 중 하나로 위생시설이나 환기가 불충분한 건물에 많이 이용되었다고 한다.

독성이 적은 허브이기 때문에 어린이도 안심하고 사용할 수 있다. 포터(beatrix potter)가 쓴 영국의 동화「피터래빗」을 보게 되면 피터가 과식을 했을 때, 엄마가 자기 전에 1큰술의 카모마일차를 마시게 하는 장면이 나온다.

생육 특성상 어느 토양이나 가리지 않지만 양지바르고 배수가 좋아야 하며, 유기질이 풍부한 사질토에서 건강한 꽃을 피운다. 저온에 강하나 여름의 고온 건조에는 약하기 때문에 화분에서 재배할 경우에는 시원한 장소와 충분한 수분이 요구된다. 카모마일은 '식물의 의사'라고도 불린다.

카모마일 비누 만들기

향기가 좋아 기분이 좋고 피부도 부드럽게 해주는 일석이조의 비누를 만들어 보자.

● 재료

무색·무취의 비누 1개, 벌꿀 2작은술, 카모마일 오일 3방울, 말린 카모마일꽃 3~5개, 종이끈 20cm, 비누틀 1개, 랩 약간.

● 만드는 법

① 비누를 강판에 갈아서 놓는다.

② 중탕 그릇에 갈아놓은 비누를 넣고 녹인 다음 벌꿀과 준

비된 카모마일 오일을 떨어뜨려 잘 섞는다.

③ 비누틀에 랩을 깔고 종이끈을 중앙에 놓은 후 반죽된 비
누를 붓고 기포가 생기지 않도록 누른 후 말린 카모마
일 꽃으로 장식한다.

④ 그늘지고 통풍이 잘되는 곳에서 일주일 정도 건조시킨다.

13. 타임(꽃말 : 용기)

학명 : Thymus vulgaris

영명 : Thyme

라벤더나 로즈마리 등과 더불어 우리에게 잘 알려진 타임
은 지중해가 원산지이다. 학명은 '향기를 피운다'는 뜻이며 이
른 여름에 흰색에서 분홍색에 이르기까지 다양한 색을 꽃피워
허브가든을 수놓는다.

고대로부터 강장제 허브로 유명하고 용기, 품위, 우아함의
상징으로 알려졌는데, 당시 사람들 사이에 타임의 향기가 난
다고 하면 최고의 격찬이었다. 기사도가 엄격한 중세에 신분
이 높은 귀부인들은 손수건이나 스카프에 타임 가지와 꿀벌을
수놓아 기사에게 주는 관습이 있었다고 하는데, 타임의 꽃말
때문이라는 설이 있다. 여왕 엘리자베스 1세 때에는 사람들이
특히 좋아하여 정원의 녹색 부분을 타임으로 장식했고 침대에
뿌려서 벌레 퇴치나 역병을 예방했다고 하며 귀족들은 몸을
닦는 목욕제로 많이 사용해왔다. 세익스피어의 「한여름 밤의

꿈」에 나오는 요정의 여왕 티타니아의 잠자리에도 와일드타임이 등장하고 있다.

타임은 다른 허브와도 잘 맞고 산뜻한 향은 이용 범위가 넓어 요리용 허브로서 빼놓을 수 없다. 또한 스튜나 수프 특유의 냄새를 없애는데 사용되었고 풍미를 더하기 위해 베이 잎(월계수), 파슬리와 함께 사용된다.

약리작용으로 티몰이라는 방향성분이 소화를 돕고, 체력회복이나 기관지 계통 질환에 효과가 있어서 기침을 멈추게 하고, 거담작용과 살균·방부 작용이 있다. 또 구내염 때문에 불쾌할 때에는 타임차를 마시든지 양치질이나 입을 헹구면 효과가 있다.

생육 특성상 더위나 추위에 강하고 특히 양지바르고 통풍과 배수가 잘되는 약간 건조한 토양에서 잘 자란다.

타임오일 만들기

신선한 타임을 오일에 넣어두기만 하는 것으로도 풍미가 풍부한 오일을 즐길 수 있다. 베이 잎, 바질 등 여러 가지 허브로 오일을 만들 수 있지만, 여기서는 타임 오일을 만들어 보자.

● 만드는 법

① 생 타임을 찬물에 깨끗이 씻고 행주 등으로 물기를 말끔히 제거한다.

② 깨끗한 병에 베이스 오일(올리브 오일 등)을 넣고 타임과

통후추 6~7알을 함께 넣는다.

③ 마개를 꼭 막고 냉암소에 보관한다.

④ 4~5일 지나면 향기가 배어들어 사용할 수 있다. 드라이 허브를 사용할 수도 있는데 가능한 6주 안에 사용해야 한다.

14. 펜넬 (꽃말 : 강한 정신력, 힘, 지혜)

학명 : Foeniculum vulgare

영명 : Fennel

펜넬은 여름에 황색의 작은 꽃이 우산처럼 밀집해 피는데, 플로렌스펜넬, 스위스펜넬, 브론즈펜넬 등이 있으며 이용법이나 약효는 같다. 펜넬은 그리스인에 의해 '야위면서 큰다'고 하는 의미의 'Marathron'이라고 불렸다. 그 후 가냘픈 허브로 인식되어 왔고, 성공의 상징으로도 사용되었다.

중세에는 마법의 허브로서 문 앞에 걸어놓거나 열쇠구멍에 채워 넣어서 마녀를 피하는데 이용하였다. 서양풍의 모든 생선 요리에 잘 어울리고 특히 생선 수프를 만들 때 빼놓지 않는다. 종자, 잎, 줄기, 뿌리 등 어느 부분을 씹어도 강렬한 향을 느낄 수 있는데 종자는 빵, 케이크, 스파이스, 허브차, 캔디에 이용된다. 잎은 샐러드로 먹거나 잘게 잘라 버터나 요구르트 드레싱에 넣기도 하고, 지방분이 많은 생선이나 고기에 함께 사용한다. 줄기는 삶기도 하고 볶아서 야채처럼 먹기도 하며 빵이나 고기를 오븐에 구울 때 풍미를 더하기 위해 깔거나 위에 얹는다.

비니거를 만들 때는 신선한 잎을 이용하고, 오일을 만들 때는 향이 없어지지 않도록 건조한 잎을 사용하는 것이 좋다. 싱싱한 잎은 요리 장식으로도 좋다. 또 냄새가 강한 음식이나 기름기 있는 요리를 먹은 뒤에 2~3장의 잎을 씹으면 입안의 냄새를 제거해 주는데, 네팔에서는 식후에 펜넬씨를 입가심용으로 식탁에 내놓기도 한다.

약리작용을 보면 간장, 폐, 신장의 장애를 제거하며, 몸의 정화제로서 과음으로 인한 독소를 제거해 주고, 각종 여성병에 효과가 유용한데 차를 만들어 마시면 갱년기의 여러 증상을 완화시킨다. 존 제라드(John Gerard)는 종자의 분말은 시력을 증진시키며 잎과 종자는 모유를 잘 나오도록 한다고 기술하고 있다. 그 외에 소화촉진, 치통, 기침, 그리고 벌레 물린 데에 효과가 있으며 유럽에서는 다이어트 허브로 잘 알려져 있다.

생육특성상 내한성이 있고 튼튼해 키우기 쉬운 허브이다. 양지바르고 유기질이 풍부한 비옥한 토양을 좋아하는데 크게 성장하므로 바람이 강한 곳에서는 받침대를 세워준다. 한 여름의 고온건조에는 물을 충분히 주고 통풍을 좋게 해야 한다.

펜넬주 만들기

향기, 색, 맛, 즐거움을 한층 더해주고, 건강증진에도 도움이 되는 신선한 허브 술이지만 우리나라 사람들의 입맛에도 잘 맞을지는 의문이다. 펜넬은 서양에서 과자를 만들거나 요리, 칵테일 등의 맛을 내는데 즐겨 사용하는 허브이다.

- 재료

펜넬 50~60g, 흰설탕 30~40g, 화이트 리큐어 720cc.

- 만드는 법

① 밀폐가 가능한 병에 설탕과, 깨끗이 씻어 물기를 뺀 펜넬을 넣고 화이트리큐어를 붓는다.

② 뚜껑을 닫고 냉암소에 놓는다. 1개월 정도 지난 뒤 펜넬을 꺼내고 다시 뚜껑을 덮어 2개월가량 더 숙성시킨다. 직사광선을 피하고 시원한 곳에 보관하고 때때로 흔들어 섞어준다.

15. 히솝(꽃말 : 청결)

학명 : Hyssopus officinalis

영명 : Hyssop

히솝의 어원은 '지나가다'라는 뜻의 히브리어 '에좁(ezob)'에서 유래했다. 히솝은 분홍색, 청자색, 흰색의 귀여운 꽃들을 피우며, 민트를 닮은 상쾌한 향기가 강해 오랫동안 주위에 그 향이 퍼져 있다.

구약성서 시편 51편 7장을 보면 "우슬초로 나를 청결케 하소서 내가 정하리이다."라는 구절이 있는데 여기서는 우슬초가 히솝으로 번역되어 있지만 식물학적인 히솝은 다년초로서 이스라엘이나 시나이 지방에는 자생하지 않으며, 유럽에서 자생하기 때문에 히솝이 아니라 마조람이라고 성서 식물학자들은 주장하고 있음을 밝힌다.

엘리자베스 1세 시대에는 침상에 뿌려 놓는 허브로 썼으며, 교회나 집을 향기로 청결히 하기 위해서도 사용했다고 한다. 약간 쓴맛이 있는 방향은 기름기 많은 고기 요리나 비린내 나는 생선요리, 내장요리에 사용하면 특유의 냄새를 제거하고 풍미를 더한다. 개화 전이나 건조한 꽃봉오리의 방향 성분은 각종 리큐어의 고상한 맛을 내는 데도 사용한다. 꿀이 있는 작은 꽃을 샐러드나 케이크에 뿌려 장식해도 좋고 압화나 꽃다발, 리스, 포푸리로 이용해도 훌륭하다. 또 정유는 오드콜론(eau de cologne)의 원료가 된다.

히솝은 유럽에서 예로부터 약초로 이용했는데 소화흡수를 돕는 작용이 있으며 감기나 천식, 기관지염 등의 호흡기 계통 질환에 효과가 있다. 박하향이 나는 산뜻한 차를 끓여 마시면 건위 작용과 초기감기, 정신적 불안감과 가벼운 히스테리 치료에 도움이 된다. 줄기를 욕조에 넣은 후 목욕을 하면 피부의 청결함과 냉증개선에 효과가 있고 세정액이나 습포약으로 사용하며 좌상이나 외상에도 매우 효과가 있다.

생육 특성상 히솝은 배수가 좋고 양지바르며 유기질이 풍부한 건조한 토양에서 잘 자라고, 병충해에도 매우 강해 벌레가 거의 달라붙지 않고 추위, 더위에는 강하지만, 다습에는 약하기 때문에 주의가 필요하다.

히솝으로 즐기는 아이 트리트먼트(eye treatment)

신선한 히솝 잎을 뜨거운 물 적당량에 2~3분간 넣어 침출액을 얻는다. 그 침출액에 화장용 솜을 적셔 눈 위에 얹어 습포한다.

16. 나스터튬(꽃말 : 애국심)

학명 : Tropaeolum majus

영명 : Nasturtium

연꽃처럼 둥근 잎을 지니고 있으며 화단을 빨강, 주황, 오렌지 등 화려하고 아름다운 색으로 장식하는 나스터튬은 우리나라에서는 한련화라고 부르는 원예용으로 재배했는데, 세계 각지에서는 오래 전부터 식용으로 이용해 왔다. 그리스 신화에서 트로이 전사의 피로부터 생긴 트로피라는 뜻에서 그 유래를 찾을 수 있다. 달콤하며 크레송 같은 향이 있는 어린잎을 잘게 손으로 찢어 샐러드에 넣거나 머스타드 대신 샌드위치에 넣어도 맛이 제격이다. 좋은 향기가 나는 꽃은 식용은 물론 샐러드나 설탕절임으로 만들어 케익에 장식하거나 요리 장식에 사용해도 좋은데 유럽에서는 보리지나 마리골드, 로즈마리, 세이지 등의 꽃과 함께 사용되고 있다. 개화 후 종자가 아직 녹색으로 어렸을 때 채취하여 식초에 절여 피클을 만들어 이용하기도 한다.

잎에는 비타민 C와 철분이 함유돼 있기 때문에 괴혈병 예방에 효과가 있고 잎이나 꽃, 종자를 먹으면 강장, 혈액정화, 해독 효과가 있으며 잘게 썰어서 빻은 종자나 잎을 습포제로 하면 찰과상의 치료에 유용하다. 헤어케어 제품에도 사용된다.

생육 특성상 양지바르고 배수, 통풍이 좋은 장소에서 잘 자란다. 여름에는 생육을 일시 정지하지만 가을에 다시 꽃을 피우기 시작한다.

나스터튬 샐러드 만들기

● 재료

A: 나스터튬의 꽃과 잎 적당량, 피망 얇게 썬 것 5개, 양상치 5장, 삶은 계란 얇게 썬 것 2개, 그 외 신선한 야채.

B(소스): 올리브유 3큰술, 레몬즙 1큰술, 마늘 다진 것 1개, 파슬리 다진 것 1작은술, 바질 다진 것 1작은술, 소금, 후추 약간.

● 만드는 법

① B의 재료를 잘 섞어서 드레싱을 만든다.

② A의 재료를 큰 그릇에 넣어서 냉장고에 넣고 먹기 직전에 꺼내 ①을 뿌려 버무려 먹는다.

17. 로즈(꽃말 : 사랑)

학명 : Rosa species

영명 : Rose

로즈는 사랑과 정열을 상징하는 꽃으로서, '꽃의 여왕'으로 표현되고 있다. 로즈에 대해서는 이미 서두에서 전설과 신화, 성서에 얽힌 얘기를 일부 기술했으므로 여기에서는 다른 부분을 소개하기로 한다. 그리스 로마신화에서 로즈는 미의 여신인 비너스의 꽃이다. 비너스의 아들인 큐피드는 비너스의 정사를 아무도 모르도록 침묵의 신에게 로즈꽃을 보내며, 비밀로 해줄 것을 부탁한다. 이때부터 비밀얘기를 할 때는 로즈꽃을 머리에 장식하는 습관이 생겼고, 지금도 유럽의 건물 천정에 로즈의 부조가 남아 있는 곳을 볼 수 있는데 "여기에서 들은 이야기는 입 밖에 내지 말라."고 하는 장소임을 알 수 있다.

로즈의 학명 'rosa'는 그리스어 'rodon'에서 유래된 것으로서, 붉은색 로즈는 그리스 신화의 아도니스 피에서 피었다는 전설에 의하고 있다. 또 도미니크 수도원의 설립자인 성 도미니크(St. Dominic)는 꿈속에 성모마리아가 나타나 묵주를 주었는데, 그 묵주에서 로즈향이 났다고 하여 지금도 가톨릭에서 로즈향이 나는 묵주를 많이 쓰고 있다고 한다.

로즈는 화려한 자태와 향 때문에 고대 이집트나 그리스 로마시대에 이르기까지 많은 사랑을 받았으며, 중세시대에는 고약으로 만들어 폐의 각종질환과 천식에 이용하였다. 약리작용을 보면 목의 통증, 부비강염, 기관지염, 소화기 계통의 염증, 설사, 류머티즘, 관절염에 효과가 있고, 향은 마음을 밝게 고양시키고 긴장과 스트레스를 완화시키는데 유용하다. 특히 여성증후군인 생리전의 긴장이나 생리 메커니즘을 정상화시키고, 남성에게는 정자 수를 증가시키므로 남성불임증에도 쓰이고 있다.

피부에 대한 작용으로는 노화피부나 건성피부, 경화피부와 특히 민감하거나 습진이 생기는 피부에 효과가 있다. 실제로 필자의 경우 세 살배기 딸아이가 습진이 생기거나 사타구니가 물렸을 때 호호바 오일과 로즈 오일을 희석하여 발라주곤 하는데 그 효과가 매우 높다.

로즈꽃은 차, 잼, 셔벗에 쓰이며 샐러드의 장식용, 설탕절임, 로즈술, 포푸리, 압화, 리스 등에 쓰인다. 열매는 로즈힙으로서 비타민 C가 풍부하여 제2차세계대전 당시에는 연합군의 비타민 C 보충용으로 이용되었다고도 한다.

로즈는 현재 약 2만여 종이 원예종으로 육종되고 있으나, 약효가 높은 로즈는 계량되지 않은 다마스크(damask) 계통이나 갈리카(gallica) 로즈 계통 등의 원종을 써야 한다. 현재 일본에서는 이러한 종류의 원종을 구매할 수 있으나 우리나라에서는 아직 어려우며, 재배법은 보통장미와 같다.

로즈스킨 만들기

꽃잎을 따서 1컵을 만든다(화원에서 판매하는 장미는 제외해야함). 생수를 약 300㎖ 정도 끓여 약간 식힌 후 꽃에 부은 다음 2~3시간 정도 그대로 두었다가 걸러서 밀폐용기에 담아 냉장고에 넣고 스킨대용으로 사용한다. 피곤한 눈에는 화장솜에 적셔 눈에 습포한다. 지성이나 여드름 피부 및 주름방지용으로 효과가 있다. 보통 7일 정도 사용하며 해당화 꽃이나 생

열귀나무 꽃으로 대용해도 좋다.

18. 코리안더(꽃말 : 감추어진 가치)

학명 : Coriandrum sativum

영명 : Coriander

그리스어 'Koris, 빈대나 악취벌레'에서 유래되었는데, 어린 잎은 빈대 냄새가 나고, 열매가 익으면 아니스와 같은 좋은 향기가 난다. 성서의 출애굽기 16장 31절에는 "깟씨(고수풀) 같고도 희고"라는 구절이 있다. 여기에서 '깟'은 히브리어의 'god'을 한국식으로 옮긴 것으로서 코리안더를 의미하는 것이다.

코리안더는 성서 이전에 이미 이집트의 파피루스에도 기록되고 있으며 멕시코, 동남아시아, 중남미 요리에 빠지지 않는 귀한 재료로 미국에는 콜럼버스에 의해 전래되었다고 한다. 이렇듯 코리안더는 세계의 많은 사람들에게 애용되고 있는 허브인데, 우리나라 사람들은 이 향이 익숙치 않아 동남아시아나 중국 여행시 비위가 거슬려 식사를 못했다는 말을 종종 한다. 그러나 익숙해지면 다시 찾는 흥미로운 허브라고 할 수 있다.

코리안더는 고대 그리스나 이집트에 약용으로 쓰였으며 중세에는 성욕을 돋우는 미약이나 최음제로 사용되었다. 이집트인들은 행복을 가져오는 스파이스라고 생각하였으며, 그리스 로마인들은 와인의 향을 내는 데 사용했고, 인도에서는 음식의 부패를 방지한다고 하여 거의 모든 음식에 코리안더를 이용하였다. 쓰임새를 보면 종자는 피클이나 카레, 빵, 리큐어에, 잎은 무침요리, 만두 등 중화요리에 쓰며, 멕시코 요리나 타이풍의 수프와 볶음요리, 베트남풍의 샐러드, 카레요리 등에 빠지지 않는 허브이다. 옅은 핑크꽃은 샐러드나 수프에 띄우면 맛의 풍미를 더한다.

코리안더는 이집트의 파피루스에 혈액의 청정, 담석, 신장장애에 이용되었다고 기록돼 있다. 약리작용을 보면 침체된 마음에 원기를 돋우어주며 기억력을 증진시키고, 어지럼증에 효과가 있으며 구풍(驅風) 효과에 따라 몸 안의 독소를 배출하고 체액의 노폐물을 내보내는 작용으로 몸을 정화한다. 또 위를 따뜻하게 하여 위경련 등에 효과가 있고 식욕을 자극하는 등 위 계통에 좋은 허브이다. 그 외에 류머티즘, 관절염, 유행성감기, 폐에도 효과가 있고 특히 홍역에 유용하며, 오일은 내분비계를 활성화시키고 에스트로겐 호르몬을 자극하여 생리불순, 불임증과 같은 생식계 장애에도 효과가 있다.

생육 특성상 보수력이 있고 양지바르며 배수가 잘되는 비옥토를 좋아하므로 파종하기 전에 유기질 비료를 토양에 많이 뿌려두면 좋다.

코리안더 풍미의 카레 만들기

카레가루에도 코리안더 분말이 들어가 있지만 신선한 잎을 사용하면 더욱 이국적인 맛과 향기를 즐길 수 있다.

• 만드는 법

식물류에 카레가루와 다진 마늘, 생강, 양파를 잘 볶아서 그 위에 새우나 색깔이 좋은 피망, 가지 등의 야채를 넣어 함께 볶는다.

닭고기 국물과 토마토를 넣어 재료가 부드러워지면 레몬즙, 소금, 카레가루로 맛을 내고 코리안더 잎(꽃피기 전의 어린잎)을 듬뿍 넣는다.

19. 포트 마리골드(꽃말 : 슬픔)

학명 : Calendula officinalis

영명 : Pot marigold

해가 뜰 때 꽃이 피고 한낮의 강렬한 태양과 마주보다가 저녁이 되면 꽃잎을 닫는 특징이 있는데, 그리스 전설에 의하면 태양을 사랑하던 여인이 태양만을 그리워하며 바라보다가 결국 죽고 말았고, 그 자리에서 태양을 닮은 꽃이 피었는데 그 꽃이 마리골드라고 전해진다. 꽃봉오리가 열리는 것이 매월 초순경이어서 칼렌둘라(Calendula)라는 학명이 유래되었다. 현재 이용되는 마리골드는 여덟 종류가 있는데 그 중 가장 대표적인 것은 포트 마리골드이다.

마리골드는 고대 이집트부터 알려져 있었고, 인도와 아랍문화권에서 다양하게 쓰이는 허브의 하나이다. 꽃잎을 그대로 먹을 수 있으므로 샐러드나 스튜의 장식용으로도 쓰였으며 말린 꽃잎은 사프란(saffraan) 대용으로도 염색에 이용했다.

약리작용으로 이용범위가 가장 넓은 허브인데 잎과 꽃을 먹거나 차로 복용하면 소화촉진, 소화불량 해소, 십이지장 궤양의 치료 효과가 높은 것으로 알려져 있다. 수렴성, 항균성, 항염증성, 살균 효과가 뛰어나 피부염과 모든 상처의 염증, 종기, 지혈에 효과를 발휘하며 외용치료에는 건조한 꽃잎의 침출액이나 오일을 사용한다. 꽃과 잎에서 우려낸 침출액은 간단한 피부보습제로 쓰는데 피부를 젊게 하는 효과가 있어 미용제로서 페이셜 사우나에 사용된다. 또 베이스 오일에 넣은 것은 햇볕에 탄 피부를 부드럽게 하는 효과가 있다. 한편 생리통 완화나 생리를 순조롭게 하는 작용이 있으므로 여성에게 특히 유용한 허브이다.

생육 특성상 토양은 가리지 않으나 양지바르고, 배수와 보습이 좋은 비옥한 토지를 좋아한다. 우리나라에서 월동이 가능하다.

마리골드 워터 만들기
● 재료
마리골드 꽃잎 25g, 생수 400㎖.
● 만드는 법
마리골드 꽃잎에 준비된 생수 400㎖를 끓여 약간 식힌 후 붓는다. 2~3시간을 그대로 둔 다음 걸러서 스킨으로 사용하는데 항균이나 살균작용이 뛰어나며 화상이나 각종 피부질환에 효과가 있다.

20. 마조람(꽃말 : 즐거움, 기쁨)

학명 : Origanum majorana

영명 : Majoram

그리스 신화에 따르면 키프로스왕을 섬기던 아마코라스라는 청년이 왕의 명령으로 귀중한 향수 항아리를 운반하는 도중에 깨뜨려 심한 쇼크로 실신해 쓰러졌고 깨어나 보니 향기가 강한 풀로 변해 버렸다는 이야기이다. 오랜 세월이 흘러 아마코라스가 마조람의 이름으로 변했지만, 이 식물의 달콤한 향만은 지금까지 많은 사람들에게 사랑을 받고 있다.

고대 이집트에서는 미라를 만들 때 사용한 최초의 스파이스 가운데 하나이며, 그리스 로마시대에는 행복의 상징으로 생각했다. 로마시대의 유명한 미식가 아피스우스는 마조람을 각종 소스의 조미료로 사용했으며 그 효과를 요리책으로 남겼다. 로마시대에는 마조람이 각지로 전파되었으며 중세에는 마녀나 악마를 물리친다고 믿었다.

마조람은 이집트 시대부터 약용, 요리용, 향료 등으로 폭넓게 이용된 허브인데 방부, 거담작용과 위장기능의 활성화 및 혈압을 내리게 하며 진정작용이 있고, 근육통이나 신경통을 위한 목욕제, 숙면을 위한 숙면 베개, 긴장이완을 위한 허브차로 알려져 있다.

독일에서는 햄버거나 소시지에 반드시 사용되는 허브로서 고기 특유의 냄새를 없애는데 이용되고, 계란이나 치즈, 버터와는 상성이 좋은 허브이다. 단 너무 뜨겁거나 장시간 조리하면 풍미가 없어지므로 조리가 완성되기 10분 전쯤에 사용하는 것이 요령이다. 어린잎은 샐러드로 먹으며 그 외 드라이플라워, 리스나 포푸리 등에 이용하기도 한다.

마조람은 지중해 동부 연안이 원산지이며 꿀풀과의 다년초로서 배수가 잘되고 양지바르며 건조하고 비옥한 토양에서 잘 자란다.

마조람을 이용한 베개 만들기

말려도 달콤한 향기가 지속되는 마조람은 정신안정에 효과가 있다고 전해지므로, 쾌적하고 편안한 잠을 위한 베개를 만들어 보자.

● 재료

잘 말린 마조람 1컵, 라벤더 1큰술, 로즈마리 2큰술, 클러브 1/2작은술, 면으로 된 천 12cm×24cm 2장, 솜 약간.

● 만드는 법

① 안쪽이 겉으로 나오게 해서 주머니처럼 만든 다음 입구를 남겨두고 꿰매어 뒤집는다.

② 허브를 모두 섞어서 솜으로 싼 후 ①속에 넣는다.

③ 입구를 감침질한다.

④ 사용하고 있는 베개 속에 넣어 사용하는데 가끔 햇빛에 말려준다.

21. 스위트 바이올렛(꽃말 : 소극적임, 소박)

학명 : Viola odorata

영명 : Sweet violet

이 허브에도 많은 전설이 있다. 그 중에서 그리스 신화에 관련된 것을 소개해 보면 그리스에서는 바이올렛을 이오네 (IONE)라고 부르고 있다. 이것은 신들의 왕인 제우스(로마 신화의 주피터)가 이오(IO)를 사랑하여 그의 처 헤라(로마 신화의 유노) 모르게 이오를 만나러 가는데, 결국 헤라에게 들키자 이오를 암소로 변하게 하여 이 풀을 먹게 했다는 데서 이오네로 불리게 되었다.

고대 아테네 사람들은 국가의 상징으로 삼았고, 로마인들은 술을 만들었으며 그리스 시대에는 관혼상제에 사용했다. 특히 장례식 꽃다발의 소재로 인기가 높았다. 또한 술에 취하지 않도록 꽃다발을 만들어 몸에 지녔다고 한다.

영국에서는 고대 브리튼족이 아름다운 얼굴을 만들기 위해 사용했고, 튜더 왕조(1485~1603)때는 와인이나 케이크, 시럽이 병약자들을 위해 만들어졌으며, 엘리자베스 1세 시대에는 직접 꽃을 증류해서 화장 향수를 만들었다.

셰익스피어는 「햄릿」, 「한여름 밤의 꿈」, 「겨울이야기」 등에 이 꽃을 등장시켰다. 햄릿 제1막 제3장에서는 "봄의 바이올렛과 같을 것이다. 먼저 피지만 곧 시들어 향기로움이 오래 가지 못하고 잠깐 동안의 향기, 마음의 위로 그것뿐이다." 또

제5막 제1장에서는 오필리아가 매장됐을 때 "그녀의 아름답고 깨끗한 육체에서 바이올렛의 싹이 나오도록"이라고 묘사되고 있다.

알렉산드리아비(에드워드 7세의 왕비)는 이 꽃을 좋아해 윈저성에서 재배했다고 하며, 이 시대 영국에서는 바이올렛의 향수가 대단히 인기였다. 프랑스의 나폴레옹 1세는 엘바섬으로 추방당할 때 "바이올렛이 필 때 반드시 돌아온다."고 했고 전장에서도 늘 이 꽃다발을 몸에 지녔다고 한다.

이렇듯 많은 사람들에게 사랑을 받는 바이올렛은 향기가 좋은 식용꽃으로 디저트나 샐러드를 장식하기도 하고 설탕절임을 만들기도 했다. 뿐만 아니라 음료수의 색이나 향기를 내는데 이용했으며, 허브차로 마시거나 포푸리로 이용하였다.

미용용으로는 생잎을 세면대에 4~5장 넣고 뜨거운 물을 부어 수증기를 쏘이면 좋은 스킨케어가 된다. 특히 종기나 염증이 잘 생기는 피부에 효과적이다. 재미있는 것은 약 20℃ 이상에서 방향이 나오기 시작하기 때문에 가슴에 이 꽃을 장식하면 체온에 의해 향기가 나기 시작한다고 한다.

옛날부터 약용식물로서 두통이나 숙취, 완화제 등에 사용되었고 이뇨작용, 흥분을 진정시키는 효과가 있는 것으로 알려져 있다. 또 온갖 염증이나 간장, 위장, 방광 등의 열을 없애는데 효과적이고 불면증, 눈병, 구내염, 거담 특히 기침 및 기관지 염증 등 호흡기 계통의 병에 좋다.

생육 특성상 바이올렛은 다소 습기가 있는 비옥한 토양에 반음지를 좋아하는 허브이다.

22. 세이보리(꽃말 : 사랑의 힘)

학명 : Satureia hortensis

영명 : Savory

세이보리의 학명 'Satureia'는 그리스 신화에 나오는 술과 여자를 좋아하는 사튀로스(Satyr)에서 유래했다고 한다. 한편 술의 신인 디오니소스에게 봉헌된 허브이기도 하다.

세이보리는 세익스피어의 「겨울이야기」에도 나오는데 여주인공인 퍼디타가 중년의 남성들에게 권하는 허브 중 하나이다. 이것은 예로부터 미약으로 사용돼 왔으며, 성적불능의 남자를 치료하는 효과가 있다고 전해지고 있다.

세이보리에는 초여름과 가을에 씨를 뿌리는 다년초인 윈터 세이보리(winter savory)와 봄에 씨를 뿌리는 일년초 섬머 세이보리(summer savory)가 있는데 효용이나 풍미, 향은 거의 차이가 없지만 윈터종이 약간 자극이 강하다.

타임과 비슷한 향기가 있지만 상쾌하고 얼얼한 매운 맛이 난다. 모두 소화촉진과 소독작용, 장내 트러블을 완화시키는 작용을 하며 벌에 쏘여 부은 데 효과가 있고, 욕조에 넣어 목욕을 하면 피로회복에도 좋다.

세이보리로 만든 차나 침출액은 거담이나 중풍, 이뇨에 좋고 구충, 방부작용을 한다. 또한 여성의 냉증을 비롯해 갱년기

장애에도 효과가 있다고 알려져 있다.

고대 로마시대부터 조리용 허브로 폭넓게 이용되었고, 별명이 콩의 허브라 불렸듯이 콩과 어울리는 허브로서 유럽에서는 일반적으로 스튜나, 수프, 소시지와 함께 사용했고, 어린 완두콩의 샐러드에 잎을 잘게 썰어 뿌리는 등 다양하게 이용되었다. 프랑스에서는 산양의 젖으로 만든 치즈의 풍미를 좋게 하는데 작은 가지를 얹기도 한다.

남 프랑스에서는 건조한 로즈마리나 오레가노, 바질, 타임 등과 혼합해 '에르브 드 프로방스(herbe de provence)'라는 복합 조미료를 만들어 사용하고 있는데 특히 고기나 생선요리에 사용하면 요리의 풍미를 더해준다. 다만 주의할 점은 오랜 시간 요리를 해도 맛과 향이 변하지 않으므로 많이 사용하지 않도록 한다.

건조한 줄기나 잎을 와인에 넣어 한 달 정도 그대로 두면 소화를 촉진하는 향이 풍부한 약용 와인이 되고 비니거나 오일에도 폭넓게 이용된다. 그밖에 포푸리나 향주머니를 만드는 데 다른 허브와 함께 사용하면 좋다.

섬머 세이보리는 양지바르고 배수가 좋은, 건조한 곳을 좋아하고, 윈터 세이보리는 배수가 좋고 양지바르며 보수력 있는 토양에서 잘 자란다. 화분재배는 겉흙이 마르기 전에 충분히 물을 주고 생육기에는 한 달에 한번 액체 비료를 준다. 서머 세이보리는 필요할 때마다 베어 사용하든지 개화 직전에 줄기를 베어내어 말려서 보관한다.

사랑의 묘약, 세이보리 칵테일 만들기

예로부터 미약으로 알려진 세이보리를 이용한 칵테일을 한 번 만들어 보자. 우선 건조시킨 세이보리 잎을 스푼으로 1/3 정도 갈아 놓는다. 그 다음 브랜디 60cc와 섞은 후 체에 걸러 계란노른자 1개, 생크림 30cc, 꿀 1큰술을 넣어 섞은 다음 차게 해서 마신다.

23. 딜(꽃말 : 강한 매력)

학명 : Anethum graveolens

영명 : Dill

딜은 종자를 포함해 전체를 이용할 수 있는데, 신약성서 마태복음 23장 23절에도 박하, 쿠민과 함께 나올 정도로 오랜 역사를 가진 허브이다.

원래 그리스에서는 딜을 '아네톤(Anethon)'이라 불렀고, 로마시대에도 지금의 학명인 'Anethum'이라고 표기했는데 'ana'는 '젖어든다'라는 뜻이고 'aithein'은 '탄다'는 뜻으로 열매의 맛을 나타낸 것이다.

'Dill'이란 이름은 옛 스칸디나비아어인 'dilla'에서 유래된 것으로 '진정시키다', '달래다'라는 뜻을 갖고 있으며, 한밤중에 갑자기 우는 아기에게 딜씨를 달여 먹이면 울음을 그칠 정도로 효과가 있다고 한다.

고대 유럽에서는 마녀의 마력을 물리치는 힘이 있다고 믿어서 집안에서 태우기도 했고, 말려서 문 위에 걸어놓기도 했으며, 마법을 걸 때 사용하기도 했다고 한다. 이것은 열매에 함유된 정유가 진정·최면 효과가 뛰어나기 때문이다.

17세기에는 'meeting house seed'라고도 불렸는데 교회의 예배가 길어질 때 어린이들을 얌전하게 있게 하기 위해 이 씨를 씹게 하기도 하고, 또 어른들은 배고픔과 지루함을 달래기 위해 씹었다고 한다.

딜은 모유촉진, 구풍, 소화, 최면, 진정작용이 있고 구취제거, 동맥경화 예방에도 효과가 있으며 당뇨병이나 고혈압 환자의 감염식(減塩食)에 맛을 낼 때 쓰이기도 한다.

고대 의사들은 이 씨의 향을 흡입하면 딸꾹질에 효험이 있고 장의 가스나 통증을 없앤다고 생각했다. 딜은 고대 이집트 바빌론시대부터 중요한 약초로 사용되었으며 중세 유럽에서는 습포제로 쓰였다. 한방에서는 거담제, 구풍제, 건위제, 홍분제로 사용하고 있다.

딜은 생선허브라고 불릴 정도로 생선요리에 빠지지 않는데 카본(carvone)이라는 정유를 함유한 방향이 생선류 특유의 냄새를 없애주는 역할을 한다. 유럽에서는 특히 인기 있는 요리용 허브의 하나로 프랑스에서는 씨를 과자나 빵을 만드는데 사용하고 스칸디나비아에서는 피클의 풍미를 내는데 이용되며 딜 비니거도 만들어 사용하고 있다. 딜씨의 풍미는 캐러웨이씨와 비슷하고 둘 다 양배추, 사과와 상성이 좋은 것까지 비슷하다. 잎은 마리네이드, 소스, 샐러드, 오믈렛 등에 이용되고 풍미를 잃지 않게 요리의 마지막 마무리에 사용하는 것이 좋다.

딜은 양지바르고 배수가 좋은 토양이라면 떨어진 씨에서도 매년 싹이 틀 정도로 건강한 허브이다. 내한성이 강하고 고온 건조에 약하기 때문에 물을 줄 때 주의해야 한다. 생육 특성상 키가 1m 이상 자라기 때문에 정원에서 재배하는 것이 좋다.

딜을 이용한 피클 만들기

● 재료

딜 2줄기, 오이 중간 것 4개, 셀러리 큰 잎 3장, 베이 잎 3~4장, 통후추 3~4알, 소금 2큰술, 식초 3컵, 설탕 2컵.

● 만드는 법

① 입구가 큰 병을 준비한다. 그 다음 적당하게 자른 오이에 소금을 뿌려 3~4시간 동안 절인 뒤 물기를 빼고 딜과 셀러리, 베이 잎을 함께 넣는다.

② 설탕과 식초, 소금, 통후추를 넣고 끓인 다음, 조금 식힌 후 ①의 병 속에 붓는다. 3일 후면 완성된다.

24. 베이(월계수, 꽃말 : 영광)

학명 : Laurus nobilis

영명 : Bay

태양과 음악의 신 아폴론이 에로스(큐피드)를 놀리자 화가 난 에로스는 두 개의 활을 꺼내, 하나는 아폴론에게 쏘고 다른 하나는 다프네에게 쏘았다. 여기에서 하나는 황금촉으로 된 화살인데 이 화살을 맞으면 사랑을 하게 되고, 다른 하나는 무딘 납으로 만들어진 화살인데 이것에 맞으면 만사가 귀찮게 된다. 아폴론이 맞은 화살은 황금촉 화살로 다프네를 사랑하게 되지만, 무딘 납촉 화살로 맞은 다프네는 만사가 귀찮아진다. 그래서 아폴론은 늘 다프네를 뒤쫓게 되었고 다프네는 아폴론으로부터 도망치게 되었다.

그러던 어느 날, 아폴론은 다프네에게 구애하며 쫓아갔고, 만사가 귀찮은 다프네는 아폴론에게서 도망치며 아버지인 강의 신(페네이오스)에게 구원을 요청하자, 아폴론의 손이 다프네에 닿는 순간 다프네는 베이(월계수)로 변하기 시작했다. 아폴론은 사랑하는 다프네를 아내로 삼을 수 없음을 안타까워하며 베이로 변한 다프네를 영원히 기억하고자 리라와 화살통을 만들고 머리에는 베이로 장식하여 쓰고 다녔다고 한다. 다프네(Daphne)는 그리스어로 베이를 뜻한다.

학명 'Laurus'는 '칭찬하다'라는 뜻의 'laudis'에서 파생된 라틴어이고, 'nobilis'는 기품이 있다는 의미로 신전에 봉헌되기도 했다.

고대 그리스에서는 올림픽의 승자와 개선전사, 시인에게 월계수로 만든 관을 씌워주었다. 또한 환자가 있는 집의 문 위에는 악과 죽음을 쫓아내기 위해서 베이 가지를 매달아 놓는 관습이 있는데, 개업한 의사에게 월계수 화관을 씌워주는 풍습은 바로 여기서 비롯된 것이다.

베이는 고대부터 사람들이 특히 좋아해서 의료, 향료, 의식, 관상용에 이용됐다. 잎은 옛날부터 신경통, 류머티즘의 통증이나 소화촉진을 위해 사용했고 열매에는 방향성 있는 정유가 포함돼 있어 건위, 기관지염, 발한약으로 이용되었다. 또 귀에 감염된 질환에 효과가 있고 현기증을 없애 균형감각을 회복시켜준다.

허벌리스트 존 제라드(John Gerad)는 베이 열매를 꿀이나 포도액에 넣어서 마시면 폐나 흉부질환에, 와인에 넣어서 마시면 동물에게 물린 상처, 귓병, 난청, 수영할 때 다리에 난 쥐, 피부병에 효과가 있고, 잎에는 벌에 쏘인 상처, 방광 등의 질환과 위통(구역질이 나는)에 효과적인 성분이라고 말하고 있다. 목욕제로 사용하면 냉증이나 근육통, 강장 효과도 있다.

유럽에서는 방충을 위해 밀가루나 콩 등이 있는 용기 속에 베이 잎을 몇 장씩 넣어두면 벌레가 접근하지 않는다고 알려져 있다. 베이는 특히 응용범위가 넓은 요리용 허브로서 생잎보다 향기가 강한 드라이 잎을 부케가르니나 끓이는 요리에 사용하고 그 외 마리네나 소스, 스튜, 피클, 고기나 생선 등에 이용한다. 신선한 잎은 약간 쓴맛이 있지만 건조되면서 단맛이 생기고 방향이 강해지는 것이 특징이다. 방향성분을 추출해서 식품이나 화장품 향료에 사용한다.

머리카락과 두피를 자극해 육모 효과도 있고 비듬을 억제해 주기도 한다. 차로 마셔도 발한작용이나 건위에 탁월한 효과가 있고 신진대사를 높여준다(경우에 따라 내복하지 말라는 학자도 있음).

베이는 따뜻한 지방을 좋아하고 추위에는 약하다. 그래서
추운지방에서는 겨울에 실내에 들여놓는다. 양지바르고 비옥
하며 배수가 좋은 장소를 좋아한다. 언제든지 잎을 수확할 수
있고 건조시킬 때는 잎이 위로 말리기 때문에 위를 눌러서 말
리는 것이 좋다.

부케가르니(Bouquet garni) 만들기

 • 준비물

생잎 : 파슬리 2줄기, 타임 2줄기, 베이 1장.

(건조시킨 잎 : 파슬리 작은 것 1줄기, 타임 작은 것 1줄기, 베
이 1장)

 • 만드는 법

생잎을 사용할 때는 줄기를 모아 실로 묶고, 건조한 것을
사용할 때는 거즈로 싸서 입구를 묶어 사용한다.

 * 부케가르니 : 끓이는 요리를 만들 때 생선이나 고기 특유
의 냄새를 없애고 풍미를 내기 위해 함께 넣어서 끓이는 향초
묶음.

25. 치커리(꽃말 : 절약)

학명 : Cichorium intybus

영명 : Chicory

잎이 민들레와 비슷하며 푸른 청자색 꽃을 피우는 치커리는 유명한 전설이 있다. 옛날에 사랑하는 사람을 남겨놓고 여행을 떠나야만 하는 젊은이가 있었는데, 반드시 돌아오겠다는 약속을 굳게 믿은 아가씨는 매일 마을 어귀에서 젊은이를 기다렸다. 그러나 사랑하는 젊은이는 오지 않았고, 기다리다 지친 아가씨는 그 자리에서 푸른 청자색의 꽃으로 피어났다. 이 꽃의 색은 사랑하는 사람을 멀리 바라다보며 기다리던 아가씨의 푸른 눈동자 색과 같다고 전해지고 있다.

또 구약성서 출애굽기 12장 8절과 민수기 9장 11절에는 5가지의 쓴 나물의 이름이 나오는데, 그 중의 하나가 치커리이다. 학명은 'Cichorium Intybus'인데 이것은 고대 이집트어가 기원이며 고대 아랍의사들이 이 식물을 'chicourey'라고 불렀던 데서 유래한다. 고대 로마시대부터 채소로 이용했고, 고대 그리스시대나 이집트시대에도 학질 및 간장병을 고치거나 간장을 강하게 하는 것으로 알려졌으며, 독특한 쓴맛은 간장 등의 기능을 자극해 몸을 조절하는 힘이 있다고 믿었다.

약리작용에 있어서는 강장제, 건위소화제, 완하제(변비치료), 이뇨제로 쓰이고 피부병에도 효과가 있다. 또 혈액을 정화하기 때문에 미용에도 좋으며, 담석증 및 간장 질환의 치료제로 쓰인다. 비타민 C가 많은 잎은 샐러드나 수프에 이용하고 치커리를 건조시켜서 민들레 커피처럼 커피 대신 마시거나, 커피에 첨가해 색을 진하게 하거나 쓴맛을 더하는데 사용한다. 치커리 커피는 나폴레옹 시대부터 이용했다고 하는데, 카페인이 없는 건강음료로서 강장, 소화 작용이 뛰어나다.

청자색의 아름다운 꽃은 압화로 만들고 포푸리의 소재로 이용하며 설탕절임으로도 만든다. 오후에는 꽃이 지기 때문에 일찍 따는 것이 중요하다. 생육 특성상 양지에서 반음지의 통풍이 잘 되는, 배수가 좋은 장소에서 잘 자란다.

몸에 좋은 치커리 커피 만들기

① 가을에 캐낸 치커리 뿌리를 깨끗이 씻어 잘게 자른 다음 통풍이 잘 되는 곳에서 건조시킨다.

② 건조된 치커리를 기름기 없는 프라이팬에 갈색이 되도록 볶아 커피 블렌더에 간다.

③ 1작은 술을 1인분으로 하여 커피 메이커에 내려 마신다. 또는 1인분을 5g으로 하여 뜨거운 물을 붓고 3~4분 정도 우려내어 마신다.

웰빙21, 손쉽게 활용하는 허브·아로마 센스

봄철 황사에 의한 눈병과 목의 트러블 예방

봄이 되면 중국으로부터 황사가 몰려온다. 해가 갈수록 더욱 심해지는데 에센셜 오일을 이용하여 눈과 목을 보호할 수 있다. 외출했다 집에 돌아오면 우선 손을 씻고 물 500㎖ 정도의 미네랄워터에 티트리 오일을 한두 방울 떨어뜨려 그 물로 입가심을 하면, 목으로 침투하는 모든 바이러스를 예방할 수 있다. 또 1,000㎖의 미네랄워터에 로즈마리 오일을 한두 방울을 떨어뜨려 눈을 씻으면 눈병을 예방할 수 있다.

여기에서 티트리 오일은 면역체계를 활성화시켜 전염성 질병을 퇴치하는데 효과적이고 백혈구를 활성화시키며, 항균·항진균 효과가 있다. 또한 충격으로 인해 우울해진 마음을 자극해 진정시키는 데에도 도움이 된다.

로즈마리는 예로부터 젊음을 되돌려주는 상징으로서 유명하다. 전술했듯이 특히 뇌의 활성화에 효과가 있어 기억력과 집중력을 높여주고, 두통도 진정시켜 머리를 맑게 해 준다. 또 혈행을 촉진시켜 어깨결림이나 통증의 원인을 체외로 배출시킨다. 이와 더불어 머리카락이 빠지거나 비듬이 있는 경우에 사용하면 효과적이다.

자외선에 의해 피부가 탔을 때

한여름 해변이나 겨울의 스키장에서는 자외선에 의해 그을리거나 약간의 화상을 입을 수도 있는데, 이럴 때 사용하면 효과가 있다. 준비된 재료를 잘 섞어서 스킨처럼 만들어 피부에 바르면 효과적이다.

- 준비물

라벤더 2방울, 네로리 1방울, 보드카 5㎖, 라벤더워터(또는 미네랄워터) 25㎖.

하루의 피로와 긴장을 아로마 목욕으로

하루의 피로를 푸는데 목욕만큼 좋은 것도 없다. 하루종일 굳어 있던 근육의 긴장을 풀어주고 신진대사를 촉진시키며 혈액순환을 좋게 하는 목욕은 그냥 목욕을 하는 것 자체로도 효과가 있는데, 여기에 허브나 에센셜 오일을 이용한 아로마 목욕을 한다면 일석이조의 효과를 볼 수 있다. 방법은 간단하다. 에센셜 오일이나 생 허브를 욕조에 넣거나 말린 허브를 좀 우려내 욕조에 넣으면, 근육통을 해소하거나 이완시키며 순환기, 생리불순, 감기, 수분흡수, 불면증 등에 탁월한 효과가 있다. 이렇듯 목적에 맞게 허브나 에센셜 오일을 선택해 욕조에 넣고 들어가면 된다. 다만 아침과 저녁의 물의 온도를 다르게 하는데 아침에는 42℃ 정도의 뜨거운 물로 짧은 시간 교감신경을 자극하는 것이 좋고 저녁에는 38℃의 따뜻한 물에 몸을 충분히 담가 부교감 신경을 자극해 이완 효과를 높인다.

아로마 목욕법

욕조에 따뜻한 물을 받아 놓고 먼저 몸을 씻는다. 자신의 컨디션이나 트러블에 따라 용도에 알맞은 허브를 한 줌 정도 또는 에센셜 오일을 5~6방울 정도 떨어뜨리고, 15분가량 욕조에 들어가 몸을 따뜻하게 한다.

-초조하거나 우울할 때: 베르가모트 2방울, 일랑일랑 2방울, 라벤더 2방울.
-스트레스: 샌달우드 2방울, 라벤더 2방울, 제라늄 2방울.
-불면증: 라벤더 2방울, 카모마일 2방울, 일랑일랑 2방울.
-집중력이 요구될 때: 로즈마리 4방울, 레몬 2방울.
-에로틱한 밤을 보내고 싶을 때: 일랑일랑 2방울, 패출리 1

방울 또는 일랑일랑 1방울, 샌달우드 2방울.

-감기,몸살: 라벤더 4방울, 유칼립투스 2방울 또는 그레이
푸프르트 4방울, 로즈마리 2방울.

-두통: 라벤더 2방울, 클라리세이지 2방울, 마조람 2방울.

-근육통: 마조람 2방울, 유칼립투스 2방울, 라벤더 2방울.

-냉한체질: 라벤더 2방울, 스위트오렌지 2방울, 주니퍼 베
리 2방울.

-생리통: 주니퍼 베리 2방울, 제라늄 3방울 등.

집에서 손쉽게 만드는 마사지 오일

집에서 화장품을 만들어 쓴다고 하면 어렵고 귀찮게 생각
하겠지만, 의외로 간단하고 쉽다. 에센셜 오일과 캐리어 오일
정도만 있으면 충분히 만들 수 있다. 자기 피부에 맞고, 자기
가 좋아하는 향기로 화장품을 만드는 것이 요령이다.

1회 사용량만큼 만드는 것이 좋지만 어쩔 수 없이 남았을
경우에는 차광병에 담아 냉암소에 보관한다. 마사지 오일을
만드는 법은 다음과 같다.

• 준비물

호호바 오일 15㎖, 에센셜 오일 2방울(피부타입은 다음에 나
오는 천연스킨을 참조), 비커, 유리막대 등.

• 만드는 법

① 비커에 캐리어 오일을 넣는다.

② 에센셜 오일을 넣는다.

③ 유리막대로 잘 젓는다.

　얼굴 마사지에 사용하는 에센셜 오일의 양은 0.5%(100㎖에 10방울)이고, 몸 마사지에 사용하는 에센셜 오일의 양은 1%(100㎖에 20방울)가량이다. 얼굴 마사지는 근육을 풀어주고 피로를 완화시키며 생기 있고 탄력 있는 피부로 되돌아오게 한다.
　마사지가 끝나면 바로 닦지 말고 그대로 두어 오일이 피부에 스며들게 하는데, 남아 있는 유분이 마음에 걸리면 티슈로 가볍게 닦아내면 된다. 마사지 오일은 화장수를 바른 다음 사용하며, 반드시 패치 테스트를 거쳐야 한다.

나만의 천연스킨

　직접 만들어 쓰는 스킨로션은 에센셜 오일의 향과 호호바 오일의 영양분이 조화를 이루어 사용감이 매우 부드럽다. 또한 피부의 더러움을 제거해 주고 보습과 활력을 준다. 아침저녁 세안 후 사용하는데 잘 섞이도록 충분히 흔들어야 한다. 방부제가 들어 있지 않으므로 냉장보관을 해야 하며, 한 달 이내에 사용하는 것이 좋다.
● 준비물
에센셜 오일, 정제수 98㎖, 호호바 오일, 계량컵, 스킨용기 등.
● 만드는 법
① 중성피부: 에센셜 오일(라벤더, 네로리, 프랑킨센스 등) 2

방울, 정제수 98㎖, 호호바 오일 2㎖.

② 건성피부: 에센셜 오일(페퍼민트, 팔마로사, 제라늄 등) 1
방울, 정제수 98㎖, 호호바 오일 2㎖.

③ 지성피부: 에센셜 오일(레몬, 바질, 일랑일랑 등) 2방울,
정제수 98㎖, 호호바 오일 1㎖.

④ 복합 및 민감성피부: 에센셜 오일(네로리, 카모마일, 로즈
등) 2방울, 정제수 98㎖, 호호바 오일 2㎖.

피부 타입에 맞게 준비된 에센셜 오일과 호호바 오일을 정
제수(미네랄워터 가능)에 잘 섞어 사용하면 되는데, 이때 에센
셜 오일을 한두 가지 섞어 사용하면 기대 이상의 상승효과를
거둘 수 있다.

민감한 입술을 보호하는 립크림

입술은 민감한 부위이기 때문에 에센셜 오일의 농도를 아
주 적게 한다. 약 6개월 정도 사용할 수 있으며 입술은 민감한
부위이기 때문에 시중에서 판매하는 것을 사서 쓰는 것보다
천연재료를 이용해 만들어 사용한다면 안심도 되고 향도 좋아
치료 효과가 높다. 라벤더 오일은 튼 입술을 촉촉하게 해주며
벤조인 오일은 심하게 갈라졌을 때 이용하면 좋다. 방법은 다
음과 같다.

• 준비물

에센셜 오일 2방울, 호호바 오일 7㎖, 비왁스 3g, 글리세린 1㎖, 용기.

- 만드는 법

① 비왁스를 중탕하여 녹인 다음 호호바 오일과 글리세린을 넣는다.

② 중탕그릇에서 꺼내 에센셜 오일 2방울을 넣어 잘 젓는다.

③ 준비된 용기에 넣어 굳힌다.

아토피성 피부염

아토피성 피부염은 본래 유전적인 알레르기 체질에서 기인하지만, 오염된 물이나 공기, 농약 성분이 남아 있는 야채류 섭취에도 그 원인이 있다. 뿐만 아니라 스트레스와 같은 심리적 요인도 영향을 주기 때문에 의식주 생활 전반을 건강하게 바꾸는 것이 중요하다.

아토피성 피부염에는 스테로이드제를 많이 바르는데, 이것은 일시적으로 염증을 억제할 수는 있지만 근본적인 치료제는 아니다. 장기간에 걸쳐 스테로이드제를 쓰면 오히려 피부가 약해지고 혈관이 확장되는 등 부작용이 일어날 수 있으며, 간에도 부담을 준다. 가능하면 의약품에 의존하지 말고 자연요법으로 체질을 개선하는 것이 좋은 방법이다.

특히 식생활을 개선하는 것이 중요한데, 육류나 계란, 유제품, 푸른 생선, 초콜릿 등은 알레르기 반응을 일으키기 쉬우므로 가급적 섭취하지 않는 것이 좋다. 특히 설탕은 염증을 일으키는 성분이 있어 가려움증을 유발하므로 피해야 한다. 그렇다고 극단적으로 채식만 한다면 어린이의 발육기에 나쁜 영향을 주므로 육식과 균형을 잘 맞추도록 해야 한다. 또 비누나 샴푸 등은 합성 화학물이 첨가되지 않은 것을 사용해야 하며, 샤워할 때 비누를 자주 사용하면 피부의 방어막인 피지분도 씻겨 나가므로 비누의 사용도 적당히 조절해야 한다. 옷은 면이나 비단 등의 천연소재가 안전하다.

- 준비물

로만카모마일, 라벤더, 스위트아몬드 오일, 달맞이꽃 오일, 위트점 오일.

- 만드는 법

로만카모마일 4방울, 라벤더 2방울, 레몬 2방울, 스위트아몬드 오일 30㎖, 혹은 로만카모마일 4방울, 라벤더 2방울, 로즈마리 2방울, 달맞이꽃 오일 30㎖, 위트점 오일 1.5㎖를 차광병에 넣어 잘 흔들어 섞는다.

로만카모마일은 알레르기성 피부질환 치료에 좋고, 라벤더와 레몬, 로즈마리는 가려움증을 완화시키는 동시에 살균력이 뛰어나다. 또한 캐리어 오일인 스위트아몬드 오일, 달맞이꽃 오일, 위트점 오일도 피부의 가려움증을 억제하고, 염증성 질환 치료에 효과적이다. 아이들에게 사용할 때에는 어른의 1/3 정도로 시험해 본 뒤 이상이 없을 때 사용하는 것이 좋다.

참고문헌

Deni Bown, *HERBS*, The Royal Horticultural Society, 1995.

마기 터설랜드, 조태동·손성희 옮김, 『여성을 위한 아로마테라피』, 대원사, 2003.

정영선, 『서양조경사』, 집현각, 1979.

조태동, 『닥터 조 허브가든』, 전원문화사, 1998.

조태동, 『허브』, 대원사, 1998.

조태동·송진희·조철숙, 『허브를 이용한 건강과 미용』, 전원문화사, 2000.

조태동·송진희, 『허브&아로마라이프』, 대원사, 2002.

飯田隆, 『Herbハーブ』, 朝日新聞社, 1987.

友田淳子, 『ハーブ 美容と健康』, 誠文堂, 1992.

桐原春子, 『芳香ハーブ』, 誠文堂, 1993.

永野万壽子, 『花のプレゼント』, 同朋舎出版, 1994.

飯田 隆, 『Herb』, 朝日新聞社, 1994.

衣川湍水, 『ハーブ ダイエット』, 三心堂出版社, 1998.

川口昌榮, 『ハーブ を 樂しむ本』, 集英社, 1998.

鈴木理惠 외, 『アロマテラピ Hand Book』, 池田書店, 1999.

高橋佳璃奈, 『Ayurvedic Aromatherapy』, ブラス出版, 1999.

池田豊, 『はじめてのアロマセラピー』, 池田書店, 1999.

澤賀津子·石田磐, 『アロマセラピーのすべて』, 日本文藝社, 1999.

허브 이야기 향기의 역사와 웰빙 노하우

펴낸날	초판 1쇄 2005년 3월 10일
	초판 6쇄 2018년 9월 28일

지은이	조태동·송진희
펴낸이	심만수
펴낸곳	(주)살림출판사
출판등록	1989년 11월 1일 제9-210호

주소	경기도 파주시 광인사길 30
전화	031-955-1350 팩스 031-624-1356
홈페이지	http://www.sallimbooks.com
이메일	book@sallimbooks.com

ISBN	978-89-522-0350-2 04080
	978-89-522-0096-9 04080(세트)

122 모든 것을 고객중심으로 바꿔라 eBook

안상헌(국민연금관리공단 CS Leader)

고객중심의 서비스전략을 일상의 모든 부분에 적용해야 한다는 가르침을 주는 책. 나 이외의 모든 사람을 고객으로 보고 서비스가 살아야 우리도 산다는 평범한 진리의 힘을 느끼게 해 준다. 피뢰침의 원칙, 책임공감의 원칙, 감정통제의 원칙, 언어절제의 원칙, 역지사지의 원칙이 사람을 상대하는 5가지 기본 원칙으로 제시된다.

233 글로벌 매너

박한표(대전와인아카데미 원장)

매너는 에티켓과는 다르다. 에티켓이 인간관계를 원활하게 해주는 사회적 불문율로서의 규칙이라면, 매너는 일상생활 속에 에티켓을 적용하는 방식을 말한다. 삶을 잘 사는 방법인 매너의 의미를 설명하고, 글로벌 시대에 우리가 기본적으로 갖추어야 할 국제매너를 구체적으로 소개한 책. 삶의 예술이자 경쟁력인 매너의 핵심 내용을 소개한다.

350 스티브 잡스 eBook

김상훈(동아일보 기자)

스티브 잡스는 시기심과 자기과시, 성공에의 욕망으로 똘똘 뭉친 불완전한 사람이었다. 하지만 동시에 강철 같은 의지로 자신의 불완전함을 극복하고 사회에 가치 있는 일을 하고자 노력했던 위대한 정신의 소유자이기도 하다. 이 책은 스티브 잡스의 삶을 통해 불완전한 우리 자신에 내재된 위대한 본성을 찾아내고자 한다.

352 워렌 버핏 eBook

이민주(한국투자연구소 버핏연구소 소장)

'오마하의 현인'이라고 불리는 워렌 버핏. 그는 일찌감치 자신의 투자 기준을 마련한 후, 금융 일번지 월스트리트가 아닌 자신의 고향 오마하로 와서 본격적인 투자사업을 시작한다. 그의 성공은 성공하는 투자의 출발점은 결국 자기 자신이라는 점을 보여 준다. 워렌 버핏의 삶을 통해 세계 최고의 부자는 어떻게 만들어지는가를 살펴보자.

145 패션과 명품 eBook

이재진(패션 칼럼니스트)

패션 산업과 명품에 대한 이해를 돕는 책. 샤넬, 크리스찬 디올, 아르마니, 베르사체, 버버리, 휴고보스 등 브랜드의 탄생 배경과 명품으로 불리는 까닭을 알려 준다. 이 밖에도 이 책은 사람들이 명품을 찾는 심리는 무엇인지, 유명 브랜드들이 어떤 컨셉과 마케팅 전략을 취하는지 등을 살펴본다.

434 치즈 이야기 eBook

박승용(천안연암대 축산계열 교수)

우리 식문화 속에 다채롭게 자리 잡고 있는 치즈를 여러 각도에서 살펴 본 작은 '치즈 사전'이다. 치즈를 고르고 먹는 데 필요한 아기자기한 상식에서부터 나라별 대표 치즈 소개, 치즈에 대한 오해와 진실, 와인에 어울리는 치즈 선별법까지, 치즈를 이해하는 데 필요한 지식과 정보가 골고루 녹아들었다.

435 면 이야기 eBook

김한송(요리사)

면(국수)은 세계 각국으로 퍼져 나가면서 제각기 다른 형태로 조리법이 바뀌고 각 지역 특유의 색깔이 결합하면서 독특한 문화 형태로 발전했다. 칼국수를 사랑한 대통령에서부터 파스타의 기하학까지, 크고 작은 에피소드에 귀 기울이는 동안 독자들은 면의 또 다른 매력을 발견할 수 있을 것이다.

436 막걸리 이야기 eBook

정은숙(기행작가)

우리 땅 곳곳의 유명 막걸리 양조장과 대폿집을 순례하며 그곳의 풍경과 냄새, 무엇보다 막걸리를 만들고 내오는 이들의 정(情)을 담아내기 위해 애쓴 흔적이 역력하다. 효모 연구가의 단단한 손끝에서 만들어지는 막걸리에서부터 대통령이 애호했던 막걸리, 지역 토박이 부부가 휘휘 저어 건네는 순박한 막걸리까지, 또 여기에 막걸리 제조법과 변천사, 대폿집의 역사까지 아우르고 있다.

253 프랑스 미식 기행 `eBook`

심순철(식품영양학과 강사)

프랑스의 각 지방 음식을 소개하면서 거기에 얽힌 역사적인 사실과 문화적인 배경을 재미있게 소개하고 있다. 누가 읽어도 프랑스 음식문화에 대해 어느 정도 이해할 수 있도록 복잡하지 않게, 이야기하듯 쓰인 것이 장점이다. 프랑스로 미식 여행을 떠나고자 하는 이에게 맛과 멋과 향이 어우러진 프랑스의 역사와 문화를 소개하는 책.

132 색의 유혹 색채심리와 컬러 마케팅 `eBook`

오수연(한국마케팅연구원 연구원)

색이 인간에게 미치는 영향과 이를 이용한 컬러 마케팅이 어떤 기법으로 발전했는가를 보여 준다. 색은 생리적 또는 심리적 면에서 사람들에게 많은 영향을 미친다. 컬러가 제품을 파는 시대'의 마케팅에서 주로 사용되는 6가지 대표색을 중심으로 컬러의 트렌드를 읽어 색이 가지는 이미지의 변화를 소개한다.

447 브랜드를 알면 자동차가 보인다

김홍식(「오토헤럴드」 편집장)

세계의 자동차 브랜드가 그 가치를 지니기까지의 역사, 그리고 이를 위해 땀 흘린 장인들에 관한 이야기. 무명의 자동차 레이서가 세계 최고의 자동차 브랜드를 일궈내고, 어머니를 향한 아들의 효심이 최강의 경쟁력을 자랑하는 자동차 브랜드로 이어지기까지의 짧지 않은 역사가 우리 눈에 익숙한 엠블럼과 함께 명쾌하게 정리됐다.

449 알고 쓰는 화장품 `eBook`

구희연(3020안티에이징연구소 이사)

화장품을 고르는 당신의 기준은 무엇인가? 우리는 음식을 고르듯 화장품 선택에 꼼꼼한 편인가? 이 책은 화장품 성분을 파악하는 법부터 화장품의 궁합까지 단순한 화장품 선별 가이드로써의 역할이 아니라 궁극적으로 당신의 '아름답고 건강한 피부'를 만들기 위한 지침서다.

eBook 표시가 되어있는 도서는 전자책으로 구매가 가능합니다.

(주)살림출판사

www.sallimbooks.com

주소 경기도 파주시 문발동 522-1 | 전화 031-955-1350 | 팩스 031-955-1355